Mosaik bei
GOLDMANN

Buch

Auch erfahrene Rednerinnen und Redner zeigen bei Präsentationen gerne PowerPoint-Folien und halten sich strikt an ihr vorgegebenes Manuskript. Für Spontaneität ist da kein Platz. Doch so werden die Zuhörer nicht wirklich begeistert und motiviert. Dank Harry Holzheus neuartigem Ansatz des emotionalen Kontakts kann jetzt jeder das freie, »natürliche« Reden leicht und schnell erlernen.

Es ist tatsächlich einfacher, als man denkt: Voraussetzung ist, dass der Redner sich darüber klar wird, was er bewirken will. Dann kann er sich so vorbereiten, dass er seinem Publikum sein Anliegen auf eine freie und emotional zugewandte Art vermittelt. Seine Botschaft erreicht die Zuhörer wirklich und erzeugt die gewünschte Wirkung.

Harry Holzheu erklärt Schritt für Schritt sein einfaches Vorbereitungssystem und hilft damit, die Angst vor dem freien Reden abzulegen. Seine Methode ermöglicht damit einen Vortrag ohne Lampenfieber.

Autor

Harry Holzheu ist einer der gefragtesten Trainer und Referenten für Kommunikation und Verkauf. Über 30 000 Führungskräfte und Verkaufspersönlichkeiten aus ganz Europa hat er bereits trainiert, in Unternehmen wie Credit Suisse, Daimler Chrysler, Microsoft, Novartis, AXA Winterthur Versicherungen und anderen.

Harry Holzheu

Natürliche Rhetorik ohne Lampenfieber

Der einfache Weg zum freien Reden

Mosaik bei
GOLDMANN

FSC

Mix

Produktgruppe aus vorbildlich
bewirtschafteten Wäldern und
anderen kontrollierten Herkünften

Zert.-Nr. SGS-COC-001940
www.fsc.org
© 1996 Forest Stewardship Council

Verlagsgruppe Random House FSC-DEU-0100
Das für dieses Buch verwendete FSC-zertifizierte Papier
Classic 95 liefert Stora Enso, Finnland.

1. Auflage
Vollständige Taschenbuchausgabe Oktober 2010
Wilhelm Goldmann Verlag, München,
in der Verlagsgruppe Random House GmbH
© 2008 Orell Füssli Verlag AG, Zürich
Umschlaggestaltung: Uno Werbeagentur, München
Umschlagfoto: Fine Pic, München
Satz: Uhl + Massopust, Aalen
Druck und Bindung: GGP Media GmbH, Pößneck
CB · Herstellung: IH
Printed in Germany
ISBN 978-3-442-17146-0

www.mosaik-goldmann.de

Inhalt

Wie Sie von diesem Buch profitieren können

In diesem Buch erhalten Sie konkrete Anleitungen, wie Sie das freie Reden erlernen oder verbessern können. Die meisten Redner und Rednerinnen zeigen bei einer Präsentation PowerPoint-Folien und kommentieren diese. Dieses Vorgehen hat sich international etabliert. Damit können Sie die Zuhörer zwar umfassend und professionell informieren, aber kaum echt begeistern und motivieren. Dies ist inzwischen auch international bekannt.

Machen Sie es doch so: Beginnen Sie Ihre Präsentationen grundsätzlich mit einer freien Rede von mindestens 10 bis 15 Minuten, bevor Sie Folien zeigen. In dieser Anfangsstrecke können Sie die Zuhörer packen und neugierig machen auf das, was dann folgt. Nachdem Sie einige Folien gezeigt und erläutert haben, beenden Sie wiederum Ihre Präsentation mit einer Strecke des freien Redens. Selbstverständlich können Sie ein Stichwortmanuskript benützen.

Sie werden wahrscheinlich mit der Zeit immer mehr Strecken frei reden, denn das ist bedeutend wirksamer und macht auch viel mehr Spaß, Ihnen und den Zuhörern.

An meinen Video-Coachings hat bisher jeder Klient und jede Klientin innerhalb von vier bis fünf Stunden das freie Reden erlernt und nachher angewendet. Das Gleiche gilt für meine zweitägigen Seminare, zu denen ich maximal acht Teilnehmerinnen einlade.

Eigentlich müssten Sie es anhand dieses Buches auch schaffen, denn es ist viel leichter, als Sie denken. Sie müssen einfach Ihre Einstellung ändern, etwas Mut fassen und konsequent meine Ratschläge befolgen.

Gehen Sie genau so vor, Schritt für Schritt, wie ich es Ihnen in diesem Buch empfehle. Versuchen Sie vorerst, in kleinen Gruppen frei zu reden, zum Beispiel an Sitzungen oder anderen Zusammenkünften. Auch privat sollten Sie jede Möglichkeit ergreifen, eine Rede zu halten, bei einem Geburtstagsfest, einer Hochzeit, einer Taufe oder Ähnlichem. Ich wünsche Ihnen jetzt schon viel Erfolg!

Harry Holzheu
Zürich, im Frühjahr 2008

Worauf es ankommt

In diesem Kapitel schildere ich, was einen guten Redner oder eine gute Rednerin ausmacht. Sie werden sehen, dass ich die Erfolgskriterien anders gewichte, als es die meisten tun. Wenn Sie Ihre Sicht der Dinge ebenfalls umstellen, haben Sie eine gute Chance, Ihre Redefähigkeit bei Vorträgen und Präsentationen wesentlich zu steigern, so dass Sie beim Publikum viel stärker ankommen und einen nachhaltigeren Eindruck hinterlassen.

Die Erfolgskriterien

Wenn Sie zwischen drei Kriterien, die eine gute Präsentation ausmachen, zu wählen hätten, welches wäre für Sie das wichtigste?
- überzeugende Argumente
- gut animierte PowerPoint-Folien
- Wirkung der Persönlichkeit des Redners oder der Rednerin

Dipl.-Ing. Dr. Eduard Hobst
Spitzenberg 5
90403 Nürnberg

Die meisten Redner und Rednerinnen stellen die Argumente an die erste Stelle.

An zweiter Stelle erachten sie als wichtig, dass die gezeigten Folien übersichtlich (möglichst farbig) und die Animation der PowerPoint-Präsentation lebendig und somit optimal sind.

Die Wirkung der Person, die vorträgt, empfindet man auch als wichtig, aber nicht als wirklich entscheidend. Gewiss, wenn jemand gut reden kann, wird das als willkommene Zugabe empfunden.

Interessant ist allerdings, dass man im Allgemeinen unter einem guten Redner oder einer guten Rednerin jemanden versteht, der oder die äußerst gekonnte Formulierungen von sich gibt. Die Persönlichkeitsmerkmale und die Ausstrahlung werden erst an zweiter Stelle genannt. Die Eloquenz steht also im Vordergrund. Das ist die Sicht der Redenden, nicht aber der Zuhörer. Die Zuhörer empfinden Eloquenz nicht immer nur positiv.

In Deutschland sagt man: »Er redet zu geschliffen«, oder: »Er ist ein guter Verkäufer« (im negativen Sinne). Die Engländer sagen: »He's got the gift of the gab« (Er hat die Gabe eines guten Mundwerks).

Eloquenz kann auch als zu verführerisch wirken oder Distanz erzeugen. Darauf komme ich später zurück.

Ich sehe die Reihenfolge und Gewichtung der Beurteilungskriterien ganz anders. Es zeigt sich immer wieder, dass es eigentlich gerade umgekehrt ist, als allgemein angenommen wird.

An erster Stelle kommt die Person, die vorträgt.

Wenn es ein Redner oder eine Rednerin versteht, mit der Wirkung der Persönlichkeit und deren Ausstrahlung das Publikum für sich zu gewinnen, ist der Erfolg sozusagen schon fast garantiert, auch wenn die Argumentation und die Folien nicht unbedingt optimal sind. Warum ist das so? Ist das Publikum leichtsinnig oder sogar fahrlässig, wenn es sich in der Art von der vortragenden Persönlichkeit beeinflussen lässt, dass plötzlich der Inhalt nicht mehr eine so große Rolle spielt?

Die Antwort auf diese Frage ist eigentlich sonnenklar. Wir alle sind emotionaler, als wir denken. Wir lassen uns beeinflussen von unseren eigenen Gefühlen und den Gefühlen anderer Menschen. Aber wir realisieren das gar nicht. Das kommt daher, dass wir von unserem Unbewussten (»Unterbewusstsein«) das ganze Leben lang gesteuert werden. Das Unbewusste ist völlig unlogisch, es reagiert auf ganz andere Dinge als auf rationale Argumente, Zahlen oder andere Beweismittel.

Unser Kopf nimmt diese Dinge zwar auf, aber unser Bauch nicht. Und der Bauch dominiert uns. Das sind Wahrheiten, die inzwischen auch wissenschaftlich akzeptiert sind. Man kann immer wieder feststellen, dass sich das Publikum von der Persönlichkeitswirkung eines Redners oder einer Rednerin wesentlich beeinflussen lässt, jedoch die Inhalte nicht immer sehr kritisch prüft.

Man sagt dann zwar jeweils: »Der Redner oder die Rednerin redet überzeugend und brillant!«, aber man meint eigentlich etwas ganz anderes. Man meint damit die Person und nicht so sehr den Inhalt. Aber das realisiert man eben nicht oder traut sich nicht, es zu sagen.

Mit Inhalt und grafischer Darstellung allein können Sie sich nicht markant von anderen unterscheiden.

Verstehen Sie mich bitte richtig.

Ich will jetzt nicht den Eindruck erwecken, dass Sie sich nicht mehr vorbereiten und keinen Wert mehr auf eine überzeugende Argumentation und Darstellung legen sollen. Aber damit allein können Sie sich selten wesentlich von anderen unterscheiden. Sie müssen immer davon ausgehen, dass andere auch gute Argumente vortragen und gut darstellen.

Auch in der Wissenschaft findet sich für jede These eine Antithese. Und es ist meistens sehr schwierig, zu beweisen, wer jeweils recht hat.

Letztlich ist es ein Gefühl, das entscheidet. Man hat entweder ein gutes oder ein weniger gutes Gefühl. Und das gute Gefühl siegt. Das heißt, wenn Sie eine Präsentation vortragen, die vom Inhalt her überzeugend ist, schaffen Sie eine akzeptable Basis, um Ihr Publikum zu überzeugen, aber das genügt noch lange nicht. Die wesentlichen Unterscheidungsmerkmale liegen in der Wirkung Ihrer Persönlichkeit und Ausstrahlung, nicht in Ihrer Argumentation.

Wie Sie etwas vortragen, entscheidet darüber, ob das Publikum akzeptiert, was Sie vortragen.

Es ist wichtiger, wie Sie wirken, als was Sie sagen!

- Wirken Sie glaubwürdig, ehrlich, natürlich und authentisch?
- Kann man Ihnen vertrauen?
- Akzeptiert man Sie als Mensch?
- Sind Sie sympathisch, so dass man Sie mag?
- Wirken Sie so, dass man Sie schon nach wenigen Minuten in sein Herz schließt?
- Können Sie begeistern?
- Strahlen Sie eine positive Einstellung, Optimismus und Zuversicht aus?
- Hat man das Gefühl, dass Sie selber glauben, was Sie sagen?
- Haben Sie Überzeugungskraft?
- Oder haben Sie gar Charisma?

Redner oder Rednerinnen, die kühl, distanziert oder sogar eher überheblich und arrogant wirken, haben es sehr schwer.

Sie können die besten Argumente vortragen, aber sie kommen nicht an. Die Argumente greifen nicht. Das Publikum verschließt sich gegen alles, was vorgetragen wird. Auch rhetorische Brillanz hilft da nicht. Im Gegenteil, die schadet eher noch. Man wünschte sich ab und zu einen Fehler oder einen Versprecher. Das würde den Redner oder die Rednerin menschlich machen. Rhetorische Perfektion jedoch stößt eher ab, wenn kühl oder sogar eiskalt vorgetragen wird. Beatrice Schlag, eine erfahrende europäische Korrespondentin in den USA, schreibt über Hillary Clinton:

> Die Kandidatin verbreitet konzentrierte Sachlichkeit. Wenn sie ihre kalibrierten Sätze vorbringt, sinkt die Raumtemperatur. Sie wirkt eher herablassend. Was irritiert, sind nicht die Inhalte. Es ist die Kandidatin, die sich immer wieder mit dem Satz vorstellt: »Ich bin die berühmteste Frau, über die Sie jedoch wenig wissen.«
> Warum sagt ihr kein Berater, dass der Satz Gift ist? Man hätte gerne eine Ahnung, wen und nicht was man wählt. Für die Demokratische Partei droht Hillary Clintons öffentliche Distanziertheit zum Wahlrisiko zu werden. Ihr Gegenspieler, Barack Obama, gewinnt hingegen mit jedem Auftritt an Profil.

Da wird eine ganze Menge ausgesagt. Es ist für mich erstaunlich, dass die Frau eines Redners, der zu den besten der Welt gehört, bei ihren Reden eher schlecht ankommt. Bill Clinton betrachte ich als einen hervorragenden Redner, weil er es wirklich versteht, das Publikum für sich zu gewinnen. Man muss ihn einfach mögen. Er ist auch sehr stark in seinen Statements, bringt sie jedoch nicht so hart und beißend vor wie seine Frau, sondern lässt immer noch Raum für eventuelle Skepsis und andere Meinungen. Er zeigt damit, dass er über der Sache steht.

Hillary Clinton wirkt zwar sehr engagiert, aber zugleich reserviert und spröde. Man kann sie nicht wirklich erkennen. Was ist das für eine Frau? Ist sie vertrauenswürdig?

Wenn sie sich dann noch mit so einem Killer-Satz ankündigt, dass sie zwar berühmt sei, aber man zu wenig über sie wisse, ist sie beim Publikum total abgemeldet. Sie weiß offenbar nicht, dass das Publikum neugierig ist und jeden Redner oder jede Rednerin zuerst als Mensch kennenlernen möchte, bevor man aufmerksam zuhört, was gesagt wird.

Sie wurde zwar recht überzeugend als die Hoffnung der amerikanischen Demokraten bezeichnet, aber ihre Chancen, zur ersten Präsidentin der Vereinigten Staaten gewählt zu werden, wären besser gewesen, wenn man etwas von ihrem weiblichen Charme gespürt hätte.

Beatrice Schlag schreibt weiter:

Wenn eine Politikerin, die dem angeblich emotionaleren Geschlecht angehört, dasitzt wie eine Auster, ist das eine erheblich größere Irritation als ein zugeknöpfter Mann. Von der gleichen Frau schwärmen Freunde, sie sei unglaublich warmherzig, habe einen scharfzüngigen Humor und sei umwerfend komisch, wenn sie eitle Politiker nachahme. Warum gönnt sie der Öffentlichkeit nicht einmal eine Andeutung davon?

Sie weiß offenbar nicht, dass Authentizität eine der wichtigsten Voraussetzungen ist, um als Redner oder Rednerin Erfolg zu haben. Nur wer authentisch bleibt, wirkt natürlich und glaubhaft.

Das Publikum erkennt sofort, ob sich jemand auf der Bühne unnatürlich verhält. Die Körpersprache stimmt dann jeweils nicht mit den Botschaften überein, und solche Abweichungen werden sofort erkannt. Als Folge wird jede Botschaft in Frage gestellt.

Barack Obama wurden zwar aus verschiedenen Gründen schlechtere Chancen auf die demokratische Präsidentschaftskandidatur eingeräumt. Aber er verstand es offenbar, bei seinen Auftritten sofort eine gute Stimmung zu schaffen, er wirkte äußerst sympathisch und

angenehm. Seine Überzeugungskraft und Ausstrahlung
schienen enorm stark zu sein. Er wirkte offenbar über
weite Strecken vertrauenswürdiger und glaubhafter.

Es ist für mich geradezu deprimierend, immer wieder
festzustellen, dass Menschen mit einer sehr guten Ausbildung und großer Erfahrung beruflich scheitern, weil
sie es nicht verstehen, mit anderen Menschen richtig zu
kommunizieren.

> Die fachliche Kompetenz ist zwar eine Bedingung,
> reicht aber nicht aus für den Erfolg. Dazu müssen so-
> ziale Kompetenz und Emotionale Intelligenz kommen,
> was zugleich eine bessere Kommunikationsfähigkeit
> bedeutet.

Ich hatte einen Klienten, der eine hohe Position in der
Geschäftsleitung hatte und vom Konzernleiter zu mir zu
einem Video-Coaching geschickt wurde, weil er offenbar sehr arrogant wirkte und für die Firma und ihre
Mitarbeiter fast unhaltbar wurde. Ich stellte fest, dass er
ein wirklich guter Fachmann war und gute Ideen hatte.
Er sollte im Unternehmen eine moderne Arbeitsme-
thode einführen, von der man mehr und schnellere In-

formationen und zugleich Kosteneinsparungen erwartete.

Er war voller Tatendrang, aber zugleich sehr ungeduldig und zeigte überhaupt kein Verständnis für Zweifel und Bedenken seiner Mitarbeiter, die wenig Begeisterung zeigten, ihre gewohnten Arbeitsabläufe umstellen zu müssen. Er verhielt sich in Einzelgesprächen, Sitzungen und auch bei seinen Präsentationen zwar sehr überzeugt und selbstsicher, wirkte jedoch auf seine Zuhörer arrogant und überheblich.

Ich hatte versucht, mit mehreren Video-Coachings auf ihn einzuwirken, dass er den Umgang mit seinen Mitarbeitern menschlicher und verständnisvoller gestalten solle. Gegenüber seinen Vorgesetzten nahm er sich zusammen, aber langsam drang es bis in die Direktionsetage, dass er sich gegenüber seinen Mitarbeitern nach wie vor arrogant und zuweilen sogar ausfällig verhielt. Zwar sprach er bei meinen Coachings auf meine Ratschläge gut an, konnte aber anscheinend seine eigene Einstellung und sein negatives Verhalten nicht genügend umstellen oder anpassen.

Durch eine Änderung der Besitzverhältnisse des Konzerns verlor er seine Stellung und fand lange keine neue, weil es sich über sein Unternehmen hinaus herumgesprochen hatte, er sei ein arroganter Kerl. Man bestätigte ihm zwar ein enormes Fachwissen und große Durchsetzungskraft, aber die Unruhe und Angst, die er bei seinen Mitarbeitern ausgelöst hatte, waren zu destruktiv.

Ein ganz anderes Erlebnis hatte ich mit einem 26-jährigen deutschen Theologen, der als Prediger und Seelsorger in einer Religionsgemeinschaft tätig war. Man hatte ihm gekündigt – aus nicht ersichtlichen Gründen –, und er fragte mich, ob ich ihm nicht einen anderen Job vermitteln könne. Er zeigte sich sehr interessiert an meiner Tätigkeit als Trainer und äußerte sich, dass er auch eine solche Tätigkeit anstrebe.

Ich lud ihn ein, an einem meiner öffentlichen zweitägigen Rhetorikseminare teilzunehmen. Da zeigte es sich, dass er außerordentlich gut vortragen konnte, er ließ die übrigen Seminarteilnehmer weit hinter sich. Ich konnte mir allerdings nicht vorstellen, wo sich so ein junger Prediger wohl platzieren ließe. Ohne jegliche berufliche Kenntnisse war es kaum möglich, ihn irgendeinem Unternehmen der Wirtschaft zu empfehlen.

Da erinnerte ich mich an einen Generalagenten einer Versicherungsgesellschaft und fragte diesen, ob er sich vorstellen könne, so jemanden als Berater für Lebensversicherungen einzustellen.

»Warum nicht?«, war seine Antwort, und er lud den jungen Mann zu einem Interview ein. Der wurde sofort eingestellt und konnte zu guten Konditionen die fachliche Ausbildung während dreier Monate absolvieren.

In dieser Zeit profilierte er sich bald als der beste Teilnehmer, obwohl andere teilweise bereits Fachkenntnisse und berufliche Erfahrung aufwiesen. Als es darum ging, bei bestehenden und prospektiven Kunden telefonisch Besuchstermine zu vereinbaren, hatte er bald eine bessere Erfolgsquote als der Trainer.

Er bestand dann nach der Ausbildung die Abschlussprüfung brillant und fing seine Verkauftätigkeit an. Sehr schnell hatte er einen überdurchschnittlichen Verkaufserfolg. Ich hatte sein großes Talent früh entdeckt und setzte ihn bei der Tagung einer Großbank ein, wo ich selbst ein längeres Referat über das Thema »Kunden-Akquisition« hielt. Er sollte zwei Kurzreferate halten und darstellen, wie er erfolgreich in der telefonischen Akquisition und bei Erstbesuchen vorging, sozusagen als Beweis, dass meine Anleitungen und Hinweise in der Praxis tatsächlich sehr gut funktionieren.

Seine Beiträge waren dermaßen charmant, brillant und zugleich so überzeugend, dass sich die Bank für den jungen Mann auch als Kundenberater interessierte und ihm ein äußerst attraktives Angebot machte.

Wie kommt es, dass jemand als Quereinsteiger ohne jegliche Fachkenntnisse und Erfahrung so schnell in einem sehr anspruchsvollen Geschäftsbereich Erfolg haben kann? Sicher war dieser junge Mann außerordentlich lernfähig und konnte sehr schnell Neues aufnehmen und umsetzen. Dazu kam aber, dass er äußerst gut im Vortragen war. Das hatte er natürlich als Prediger gelernt. Übrigens konnte er auch sehr gut zuhören, was er natürlich als Seelsorger – auch ein Teil seiner früheren Tätigkeit – angewendet hatte.

Gibt es den »geborenen Redner«?

Nicht nur bei sehr guten Rednerinnen und Rednern, auch bei allen anderen hervorragenden Persönlichkeiten stellt man sich die Frage: Kann man lernen, so erfolgreich zu werden, oder ist das einfach eine Frage des Talents?

Ich bin mittlerweile überzeugt, dass jedermann erlernen kann, als Redner oder Rednerin bei den Zuhörern sehr gut anzukommen. Selbstverständlich gibt es eine Grenze des Erlernbaren, aber die ist sehr hoch angesiedelt.

Jedermann kann lernen, eine gute Rednerin oder ein guter Redner zu sein.

Nur wenige sind derart begabt, dass sie beispielsweise stundenlang frei reden können, ohne Manuskript oder jegliche andere Hilfsmittel. Ich kenne nur einen, das ist Leonhard Fischer, der frühere Konzernchef der Winterthur Versicherungen, der dieses Unternehmen innerhalb von vier Jahren saniert und zu großem Erfolg geführt hat. Er hatte auch noch den Verkauf an die AXA-Versicherungsgesellschaft in die Wege geleitet.

Ihm zuzuhören ist ein Hochgenuss. Er spricht – auch in makellosem Englisch – über komplexe Themen völlig frei, mit einer leicht fassbaren Struktur, durchsetzt mit lustigen Bonmots, in einer äußerst sympathischen und absolut überzeugenden Art und Weise.

Normalerweise benötigt man ein Stichwortmanuskript. Einzelne mir bekannte gute Redner arbeiten mit einer *Mind Map* (nach Tony Buzan). Das ist eine Art Wort-Landkarte mit Verzweigungen. Auf alle Fälle benötigt man eine »Autobahn«, das heißt Notizen, aus denen man sofort ersehen kann, wie die Rede weitergeht, falls man mal steckenbleibt.

Den »geborenen Redner« gibt es also nicht; gutes Vortragen ist durchaus für jedermann erlernbar. Was sind die Voraussetzungen, die erfüllt werden müssen, um ein guter Redner oder eine gute Rednerin zu werden?

> **Gute Fachkenntnisse sind Voraussetzung: Man muss den Stoff beherrschen.**

In diesem Buch werden Sie die Anleitungen dazu finden, wie Sie Ihre Fähigkeit, frei zu reden, sofort umsetzen und laufend weiterentwickeln können. Zuerst müssen natürlich die fachlichen Voraussetzungen erfüllt sein. Der Stoff, der vermittelt werden soll, muss dem Redner oder der Rednerin »unter der Haut sein«. Das heißt, fachlich müssen genügend Kenntnisse vorhanden sein, um ein Thema abzuhandeln. Diese Voraussetzung war bisher ohne Ausnahme bei allen meinen Klienten gegeben, die ich bisher in vielen Jahren an Seminaren und Einzel-Video-Coachings erlebt habe. Allesamt waren es Fachleute, die ihre Materie total beherrschen.

Diese Voraussetzung ist sicher auch bei den meisten

Rednern und Rednerinnen erfüllt. Noch viel wichtiger sind aber die weiteren Voraussetzungen, die mit den eigentlichen Fachkenntnissen nichts zu tun haben. Lesen Sie in den folgenden Kapiteln, worauf es ankommt.

Ihre Einstellung überträgt sich auf die Zuhörer

Wenn Sie vor den Zuhörern stehen und reden, wird jeder Quadratzentimeter Ihres Körpers studiert. Sie sind im Fokus. Dieses Gefühl kann einen schon sehr belasten. Man kommt sich ausgestellt und entblößt vor.

Aber was hat man denn zu verstecken? Wenn man eine positive Einstellung zu sich selber hat, macht es einem doch nichts aus, sich vor Leute hinzustellen und sich ganz zu zeigen. Das tut man auch wirklich, wenn man redet und vorträgt. Es gibt ein Sprichwort des Philosophen Sokrates aus der Antike, das heißt:

Rede, damit ich dich sehen kann!

Wer redet, zeigt sich ganz, und zwar über die Gefühlsübertragung und die Körpersprache.

Die Gefühlsübertragung

Gefühle übertragen sich. Das ist mittlerweile nicht mehr esoterisch oder mystisch, es ist wissenschaftlich anerkannt. Wie Sie sich fühlen, registrieren Ihre Zuhörer. Haben Sie positive Gefühle, strahlen Sie diese aus, und die Zuhörer werden dadurch positiv angesprochen.

Umgekehrt registrieren auch Sie die Gefühle der Zuhörer. Wenn diese ebenfalls positiv sind, reagieren auch Sie entsprechend positiv. Es findet eine Potenzierung der positiven Gefühle statt.

Diese schaukeln sich auf. Je größer die Zahl der Zuhörer, desto mächtiger wird diese Gefühlssteigerung. Sind negative Gefühle vorherrschend, ist es für den Redner oder die Rednerin die Hölle, wenn aber positive Gefühle dominieren, ist es der Himmel auf Erden. Auf dieses Phänomen werde ich später zurückkommen.

> Positive Gefühle der Rednerperson übertragen sich auf die Zuhörer – negative auch.

Vor jeder Rede, jeder Präsentation und jedem Vortrag sollten Sie sich unbedingt positiv programmieren.

Wichtig sind drei Fragen, die Sie sich stellen und unbedingt positive Antworten darauf finden müssen:

1. Wie stehe ich zu mir selbst?
2. Glaube ich an das, was ich sagen werde?
3. Wie stehe ich zu den Zuhörern?

Wie stehen Sie zu sich selbst?

Mögen Sie sich? Diese Frage scheint banal zu sein, sie ist aber entscheidend. Ganz einfach ausgedrückt: Wenn Sie sich mögen, haben Sie eine gute Chance, dass die Zuhörer Sie ebenfalls mögen! Haben Sie aber Bedenken gegenüber sich selbst, sind die Zuhörer Ihnen gegenüber skeptisch eingestellt.

Eine positive Einstellung sich selbst gegenüber ist Bedingung. Und zwar muss man zu sich selbst voll und ganz ja sagen, nicht nur zu seinen Stärken, sondern auch zu seinen Unvollkommenheiten. Man muss sich so akzeptieren, wie man ist und wie man von den meisten anderen Menschen gesehen wird *(Fremdbild)*, und nicht so, wie man gerne sein möchte *(Selbstbild)*.

> Sagen Sie »Ja« zu sich selbst – mit Ihren Stärken und Unvollkommenheiten.

Als ich dieses Thema bei einer Großveranstaltung behandelt hatte, kam in der Pause ein Zuhörer auf mich zu und sagte zu mir: «Jetzt haben Sie mein Lebensproblem angesprochen!»

Ich fragte ihn, warum, daraufhin zeigte er mir seine rechte Hand. Diese sah nicht sehr appetitlich aus, sie war fast ein wenig verkrüppelt. Er erzählte mir, er hätte sieben Operationen gehabt, und jedes Mal hätte man ihm versprochen, dass es besser werde, aber es wurde immer schlimmer.

Als er seine Arbeit wieder aufnahm – er war Pharma-Vertreter in Kliniken –, zuckten die Ärzte jedes Mal, wenn sie ihn begrüßten und ihm die Hand gaben. Das war für ihn schrecklich. Er war ganz verzweifelt und hatte eine große Krise, sogar Suizidgedanken und fragte sich ernsthaft, ob er diesen Job überhaupt noch ausführen könne.

Als er ganz unten war und schon fast eine Depression hatte, sagte er sich, dass er sich nicht umbringen wolle und dass er zu alt sei, um einen anderen Job zu finden. Es bliebe ihm nichts anderes übrig, als einfach jetzt »Ja« zu sagen zu dieser Hand. Diese Hand sei jetzt ein Bestandteil von ihm.

Er schaffte es, seine Hand so zu akzeptieren, wie sie war und »Ja« zu ihr zu sagen. Von diesem Moment an hätte niemand mehr gezuckt, als er zur Begrüßung seine Hand hob.

Ich war äußerst beeindruckt und bat ihn, mir auch mal seine Hand zu geben. Als ich sie drückte, war es für mich schon anders, speziell, aber überhaupt nicht unangenehm. Dieses Erlebnis werde ich nie vergessen. Es lehrte mich, dass ich fast alles selbst bestimme: So wie ich denke und fühle, so denken und fühlen im Großen und Ganzen die anderen Menschen! Alles, was von mir ausgeht, überträgt sich auf andere Menschen.

> **So wie ich denke und fühle, so denken und fühlen auch die anderen Menschen.**

Sagen Sie »Ja« zu sich selbst! Stören Sie sich nicht an etwaigen Unvollkommenheiten. Das heißt nicht, Sie sollen unkritisch und nicht lernfähig sein. Das ist etwas ganz anderes.

Kritikfähigkeit gegenüber dem, was man getan hat und was man tut, ist Voraussetzung für den Erfolg. Darauf baut die Lernfähigkeit. Man muss ständig an sich arbeiten und täglich Neues dazulernen. Hier geht es um die Grundkonstellation der Persönlichkeit, um Stärken und Schwächen als Teil der Veranlagung. Diese kann man nicht ändern. Sie bleiben ein Leben lang, wie sie sind. Davon abgesehen bringt es erfahrungsgemäß nicht viel, auf den eigenen Schwächen herumzureiten und zu versuchen, sie zu verbessern oder gar zu eliminieren.

> Erkennen Sie Ihre Stärken, und versuchen Sie, diese im Griff zu behalten.
> Wenn eine Stärke überbordet, wird sie zugleich zur größten Schwäche.

Sie wissen selbst, dass gute Vorsätze, die man sich vornimmt, nie lange halten. Ein viel schnellerer Weg zur Persönlichkeitsentwicklung ist das Umgekehrte: Stärken erkennen und versuchen, diese im Griff zu behalten.

Man hat die Tendenz, vorhandene Stärken zu überziehen. Dann kann die stärkste Stärke zur größten Schwäche werden, wenn sie überbordet. Sie können jede Stärke nehmen: Wenn Sie außer Kontrolle gerät, wird sie zur Schwäche.

Hier einige Beispiele:

Großzügigkeit	wird zu	Angeberei
Sparsamkeit	wird zu	Geiz
Begeisterungsfähigkeit	wird zu	Unglaubwürdigkeit
Spontaneität	wird zu	Unbedachtheit
Sensibilität	wird zu	Verletzlichkeit
Selbstbewusstsein	wird zu	Überheblichkeit

Ich versuche, meine Klienten an meinen Seminaren und Coachings auf ihre Stärken hinzuweisen und sie gleichzeitig zu sensibilisieren, nicht über die Grenzen hinauszugehen. Dazu muss man lernen einzuschätzen, wie viel die anderen Menschen ertragen. Das ist ganz individuell. Für den einen wirkt zum Beispiel ein starkes Selbstbewusstsein sehr positiv, für den anderen wirkt es bereits überheblich. Wo ist also die Grenze?

Sie hören immer unterschiedliche Beurteilungen der

Zuhörer über einen Redner oder über eine Rednerin. Was den einen passt, gefällt den anderen weniger.

Werden Sie sensibel auf einzelne Zuhörer

Man muss sehr sensibel werden für das, was andere Menschen empfinden. Es gibt einen Verkäuferspruch, den ich sehr liebe:

> Beim Kunden musst du so weit gehen, bis er zuckt, und dann musst du entspannen.

Geht man zu wenig weit, bewegt man nichts. Geht man zu weit, fliegt man raus. Wo aber zuckt der Kunde? Das herauszufinden ist die große Kunst. Wo ist die Grenze meiner Stärken? Bei wem liegt sie tiefer, bei wem höher? Wie weit kann ich jeweils gehen?

Diese Fragen erinnern mich an die Zeit, als ich noch Autorennen fuhr. Jede Rundstrecke war anders. Und jede Kurve innerhalb dieser Strecke war anders. Wo ist das Limit? Beim Fahren von Rundstreckenrennen muss man immer *sauber am Limit* fahren, sonst ist man weit hinten. Das heißt, man muss vor jeder Kurve den idealen Bremspunkt finden. Man muss wissen, wie schnell man die Kurve anfahren darf und wo genau man bremsen muss.

Daraufhin versucht man immer, die Ideallinie zu finden, das heißt, man lässt sich durch die Kurve tragen im *Powerslide* (kontrolliertes Gleiten), schaltet zugleich in den niedrigeren Gang und gibt am richtigen Punkt wieder voll Gas, um sich schön aus der Kurve heraustragen zu lassen. Das Ganze erfolgt eigentlich recht harmonisch.

Nur wer sauber fährt, hat eine Chance, vorne zu sein. Das erfordert ein genaues Erkundigen und Abtasten der ganzen Rennstrecke. Wir fuhren damals jeweils schon einen Tag vor dem offiziellen Training die Strecke ab, um uns die einzelnen Kurven mit ihren Bremspunkten einzuprägen.

> Die »Rennstrecke« muss man im Kopf haben – dann kann man sich auf die einzelnen Kurven konzentrieren.

So mache ich es auch vor meinen Vorträgen. Ich gehe den Ablauf der vorzutragenden Thematik mehrmals durch, damit sich dieser mir einprägt. So habe ich die

»Rennstrecke« im Kopf. Und so kann ich mich während des Vortrages ganz auf die Zuhörer konzentrieren. Wann »zuckt« wer? Wie viel Power erträgt jeder einzelne Zuhörer? Was will dieser Zuhörer, was will jener? Ich konzentriere mich beim Reden jeweils ganz auf einzelne Zuhörer, nicht auf das, was ich sage. Sondern ich lasse es einfach reden, »es redet dann schon«!

Streben Sie keine rhetorische Perfektion an

Jetzt habe ich schon recht aus meinem Nähkästchen geplaudert. Sehen Sie den Zusammenhang? Sie können sich niemals auf die Zuhörer konzentrieren, wenn Sie zu sehr mit sich selbst beschäftigt sind und sich laufend fragen:

• Wie fühle ich mich denn?
• Formuliere ich perfekt?
• Sage ich alles, was ich sagen wollte?

Solche Fragen sind kontraproduktiv. Mit einer solchen Selbstbespiegelung blockieren Sie all Ihre Kraft. Sie sind total mit sich selbst beschäftigt und achten nur auf sich selbst. Sie fragen sich laufend: »Mache ich einen guten Job beim Reden? Sag ich das Richtige? Rede ich perfekt?«

Damit müssen Sie dringend aufhören.

Sie haben ja schon bisher gelebt und in Ihrem Leben Ihre Frau, Ihren Mann gestanden. Denken Sie sich einfach einmal Folgendes:

Sie haben im Hinterkopf einen Chip eingebaut, der Ihnen befiehlt, einen guten Job zu machen. Dieser Chip ist auch verantwortlich für Ihren bisherigen Erfolg. Lassen Sie diesen Chip ruhig dort, wo er ist.

Aber zu Beginn einer Rede müssen Sie ihn unbedingt herausnehmen und durch einen anderen Chip ersetzen. Dieser befiehlt Ihnen ganz etwas anderes, nämlich: »Hier stehe ich, ich kann nicht anders! (So wie Martin Luther gesagt hat.) Ich versuche jetzt einfach, mein Bestes zu geben, bin mir aber bewusst, dass ich kein perfekter Redner bin.«

Mit dieser Einstellung fahren Sie viel besser, als wenn Sie sich sagen würden: »Ich will jetzt eine perfekte Rede halten!« Das würde Sie einengen, und Sie würden sich selber unter einen Zwang setzen, perfekt formulieren zu müssen. Das würde Sie dazu verleiten, perfekte Sätze vorher auszuformulieren, diese auf ein Manuskript zu schreiben und dann abzulesen. So können Sie niemals lernen, frei zu reden. Ich rate Ihnen:

Streben Sie keine rhetorische Perfektion an. Rhetorische Perfektion erzeugt Distanz und hebt den Redner auf ein Podest.

Rhetorische Fehlleistungen jedoch (ab und zu, nicht in jedem Satz!) erzeugen Sympathie und Nähe.

Die Zuhörer fühlen sich in den Fabrikationsprozess des Redners oder der Rednerin einbezogen. Das macht es für die Zuhörer spannend!

Diese Aussage müssen Sie sich gut merken. Sie ist ganz wichtig. Vor neutral-positiven bis positiven Zuhörern – mit denen Sie normalerweise zu tun haben – wirken rhetorische Fehlleistungen sogar positiv, denn sie sind der Beweis, dass Sie die Rede jetzt und hier für die anwesenden Zuhörer neu gestalten.

Die Zuhörer fühlen sich einbezogen in diesen »Fabrikationsprozess«, und das ist viel spannender, als sich eine Rede anhören zu müssen, bei der man sofort merkt, dass sie immer genau gleich gehalten wird. Essen Sie gerne Vorgekautes? Ich bin mir ganz sicher, dass auch bei Ihren Zuhörern dieser Prozess ablaufen wird. Sie werden an Wohlwollen und an Aufmerksamkeit gewinnen.

Anders ist es selbstverständlich bei Politikern, da sind Gegner oder sogar Feinde im Saal, die rhetorische Fehlleistungen als willkommene Zeichen der Schwäche registrieren und nachher gegen den Redner oder die Rednerin verwenden würden. Solche Zuhörer haben Sie aber nicht, Sie haben doch keine Feinde im Saal, oder?

> **Kleine rhetorische Fehlleistungen und »Ausrutscher«**
> **sind erwünscht – sie können sogar Höhepunkte sein.**

Ihre Zuhörer sind im Allgemeinen wohlwollend und interessiert; sie können skeptisch und eventuell anderer Meinung sein als Sie, aber deswegen sind sie doch immer noch eher Partner als Gegner.

Das zu akzeptieren ist eine der wichtigsten Voraussetzungen für freies Reden. Wenn man perfekt sein müsste, hätte man den Mut nicht dazu, denn beim freien Reden passieren immer wieder kleine Fehler. *So what!?* Solche Fehler können sogar Höhepunkte sein.

Ich vergesse niemals den Vorstandsvorsitzenden, der in seiner Rede sagte: »...wie aus der Pistole geschissen!«

Niemand traute sich zu lachen, denn es war der oberste Chef, und er stand da, kreideweiß im Gesicht und schämte sich. Hätte er auch gelacht, wäre das wirklich ein Höhepunkt gewesen. So hat er es selbst als Schwäche offenbart. Vergessen kann man so etwas ohnehin nicht. Das war für den Redner eine verpasste Chance, über sich selbst lachen zu können.

Glauben Sie an das, was Sie sagen?

Diese zweite Voraussetzung ist auch sehr wichtig. Man spürt schnell, wenn ein Redner oder eine Rednerin selbst nicht überzeugt ist von dem, was er oder sie vorträgt. Es ist unabdingbar, dass man durchdrungen ist von den Argumenten, die man vorträgt. Dann hat man Überzeugungskraft, davon ist es nicht weit bis zu Charisma. Charisma hat übrigens gar nichts zu tun mit Showmanship.

> Charisma kann leise sein – ein Blitzen in den Augen genügt.

Auch eine eher rational veranlagte, unaufdringliche Person kann charismatisch wirken. Charisma muss auch nicht laut sein. Wenn jemand von etwas ganz durchdrungen ist und es dann ausspricht, blitzt es in seinen Augen. Das ist bereits charismatisch, und das ist mehr wert als jedes Argument.

Wie stehen Sie zu den Zuhörern?

Dieser Punkt ist vielleicht der schwierigste von allen. Mögen Sie Ihre Zuhörer? Auch diese Frage hört sich vielleicht wieder etwas banal an, sie ist jedoch ganz entscheidend.

> Jemand, den man nicht mag, kann man von nichts überzeugen!

Sie können machen, was Sie wollen, Sie können noch so gute Argumente vorbringen, die Zuhörer werden spüren, dass Sie sie nicht mögen. Alles prallt an ihnen ab. Durch die Gefühlsübertragung blockieren Sie den Zugang zu diesen Zuhörern mit Ihrer negativen Einstellung. Sie sollten dringend Ihre Einstellung ändern.

Wie kann man seine Einstellung ändern, falls man eine nicht so positive Einstellung zu den Zuhörern hat,

41

wie sie erwünscht wäre? Das ist ein Problem, das man nicht mit rationalen Überlegungen oder durch Befehle an sich selbst lösen kann.

> Um eigene Gefühle zu verändern, braucht man Zugang zu seinem Unbewussten.

Im Gegenteil, je mehr man sich anstrengt, durch entsprechende Gedanken die negativen Gefühle aufzulösen, desto mehr verfestigen sie sich. Um hier eine Lösung zu finden, brauchen Sie Zugang zu Ihrem Unbewussten, denn diese Gefühle stecken dort drin.

Ich stelle Ihnen hier zwei Übungen vor, die ich bei all meinen Seminaren, Video-Coachings und Vorträgen vermittle und die wirklich erstaunlich stark und schnell wirken. Die Übung 1, die ich hier beschreibe, können Sie jederzeit auch unabhängig machen, immer dann, wenn Sie sich gestresst fühlen. Für eine Einstellungsänderung sind beide Übungen (Übung 1 und Übung 2) in der geschilderten Reihenfolge notwendig.

Übung 1: Die Atemübung

Diese Übung wird von meinen Seminarteilnehmern und Klienten an Einzelcoachings sehr gerne und regelmäßig durchgeführt. Man hat erkannt, dass man mit dieser Übung sehr schnell eine tiefe Entspannung erzielen kann. Immer wenn Sie in eine hektische Situation gebracht wurden, sich geärgert oder aufgeregt haben, gestresst oder ängstlich sind, können Sie innerhalb weniger Minuten Ruhe und Kraft schöpfen.

Die Übung läuft folgendermaßen ab:

Sie atmen ein durch die Nase, ziehen die Luft hoch und füllen Ihre Lunge voll auf, berstend voll.

Dabei unterbrechen Sie einige Male das Einatmen, als wenn Sie schnupperten. Auf diese Weise lösen Sie Ihr Zwerchfell, das in der Regel verspannt ist und deshalb zur Kurzatmung führen würde. Der daraus resultierende Sauerstoffmangel im Gehirn kann bis zu Absenzen führen. Früher pflegten die Frauen oft in Ohnmacht zu fallen. Das war nicht nur chic und gespielt, sondern meist echt, und zwar wegen der Korsetts – bis oben zugeschnürt –, welche sie zur Kurzatmung gezwungen hatten. Durch das Unterbrechen respektive Schnuppern »lockern« Sie das Zwerchfell. Nachdem Sie die Lunge berstend mit Luft gefüllt haben, atmen Sie durch den Mund aus, entspannen

sich und lassen sich fallen und warten mit dem Wieder-
einatmen – und zwar so lange Sie können. Je länger Sie
warten, umso stärker ist die Wirkung der Übung. Die
Zen-Praktizierenden warten bis zu einer Minute. Atmen
Sie auf diese Weise vier Mal.

Es reicht, wenn Sie fünf bis sieben Sekunden warten. Das
erscheint immer noch sehr lang. Nach vier Atemzügen
fühlen Sie sich ruhig und stark, gleichzeitig aber uner-
hört energiegeladen. Diese Übung können Sie ganz dis-
kret machen, ohne dass es andere überhaupt wahrnehmen. Ich praktiziere diese Übung selbst regelmäßig, und
zwar vor einer wichtigen Besprechung und vor jedem
Auftritt. Ich kann damit mein Lampenfieber auf ein er-
trägliches Maß senken.

Übung 2: Sich mental umprogrammieren

Diese Übung hat zum Ziel, Ihre eigene Einstellung positiv
zu verändern. Wenn Sie vor Zuhörern auftreten müssen,
die Sie nicht mögen, können Sie mit dieser Übung vor
Ihrem Auftritt sehr schnell Ihr Ethos von einer negativen
zu einer neutralen bis positiven Einstellung verändern.

Voraussetzung ist, dass Sie vorher die vorhin beschrie-
bene Atemübung machen, denn mit dieser erhalten Sie
Zugang zu Ihrem Unbewussten, und der ist nur über die
tiefe Entspannung zu erreichen.

Gehen Sie nach folgendem Ablauf vor:

Schließen Sie Ihre Augen, und stellen Sie sich die Gesichter Ihrer Zuhörer vor, zu denen Sie anschließend sprechen werden. Jetzt lenken Sie einen gelben Strahl von Zuwendung, Wohlwollen und Wertschätzung aus Ihrer Körpermitte heraus auf diese Gesichter – wie einen Sonnenstrahl.

Dann sprechen Sie in Gedanken zu diesen Personen wie zu kleinen Kindern: »Ich will ja nur Gutes für euch, habt Vertrauen, öffnet euch, seid zuversichtlich, ich mag euch!« Vermeiden Sie Negationen wie: »Seid mir nicht böse, habt keine Angst vor mir!« Das wäre kontraproduktiv, denn das Unbewusste kennt keine Negationen, es würde nur speichern: »Böses« und »Angst«.

Lassen Sie alles ein wenig auf diese Personen einwirken, so lange Sie das für richtig halten.

Diese Übung ist weder mystisch noch esoterisch und frei von weltanschaulichen oder religiösen Aspekten. Es ist mentales Training, wie es von den Spitzensportlern schon seit vielen Jahren angewendet wird. Die heutigen Spitzenleistungen wären ohne solche Übungen undenkbar.

Meine Kursteilnehmer und Klienten haben mit dieser Übung großen Erfolg. Sie können sich von negativen Gefühlslagen freimachen, die oft durch unschöne Begegnungen und unerfreuliche Erlebnisse entstanden sind. Wenn

Sie in einer negativen Gefühlslage einen Vortrag, eine Rede oder eine Präsentation halten müssten, wird der Misserfolg unausweichlich.

Mit dieser Übung können Sie sich sofort positiv programmieren und bekommen eine positive Einstellung mit der entsprechenden Ruhe und einer positiven Ausstrahlung. Es ist wirklich fantastisch.

Jetzt haben Sie alles über Ihre eigene positive Einstellung gelesen, die notwendig ist, um das freie Reden zu erlernen.

Um erfolgreich frei zu reden, brauchen Sie eine positive Einstellung und Grundhaltung. Nur dann können Sie »sich ganz geben«.

Nur so wird man mutig und frei, um sich ganz auf die Zuhörer zu konzentrieren, dabei gleichzeitig vorauszudenken und »es« dann ungeprüft und unkontrolliert reden zu lassen. Erstaunlich ist es wirklich, aber »es redet dann schon«. Und zwar ganz von alleine.

Dieser Vorgang ist übrigens kein metaphysischer Hokuspokus, sondern lässt sich physiologisch und psychologisch plausibel erklären. Voraussetzung ist natürlich, dass man den Stoff beherrscht, über den man redet. Nur dann kann man frei assoziieren. Und nur dann hat man die innere Freiheit und den Mut, die Gedanken einfach in Worte zu kleiden, wie sie gerade kommen.

Frei zu formulieren geht viel leichter, als Sie denken.

Ich erlebe immer wieder in meinen Seminaren und Video-Coachings, wie gut meine Klienten formulieren können, wenn sie frei reden. Manchmal kleben sie am Manuskript, obwohl da nur Stichworte stehen. Dann nehme ich ihnen manchmal mitten im Vortrag das Manuskript weg und bitte sie, einfach weiterzufahren. Ohne Ausnahme sind sie nachher viel besser als je zuvor. Nicht selten sind sie so gut, dass ich ihnen vorschlage, von der Aufnahme eine DVD herstellen zu lassen, die ihnen nachher als *Benchmark* dient und oft sogar öffentlich verwendet werden kann.

Möglichst nie vom Manuskript ablesen

Nur wer sein Thema beherrscht und aus dem Vollen schöpfen kann, ist in der Lage, frei zu assoziieren und zu formulieren. Und das ist die Voraussetzung für den Rede-Erfolg. Das Ablesen von vorher formulierten perfekten Sätzen wirkt sehr schwach, denn der Redner oder die Rednerin spricht letztlich ins Manuskript hinein.

Eine abgelesene Rede ist eine »Lese«.

Der Kopf bleibt beim Ablesen meistens gesenkt. So kann man mit den Zuhörern gar nicht richtig Kontakt aufnehmen. Niemand fühlt sich persönlich angesprochen. Leider werden Reden sehr oft auf diese Weise vorgetragen. Man sollte sich dann aber nicht wundern, wenn die Zuhörer einschlafen.

Unterscheiden wir eine »Lese« von einer Lesung. Eine Lesung ist etwas anderes. Da liest ein Autor aus seinem Buch vor. Er schaut die Zuhörer gar nicht an. Er versucht jedoch mit Modulation der Stimmlage und

Lautstärke und starker Intonation Leben in den Text zu bringen. Da hört man einfach zu und stellt sich die Bilder und Situationen vor, die der Text beschreibt. Der Inhalt ist wichtiger.

Das Ablesen einer Rede vom Manuskript findet immer noch sehr oft bei offiziellen Veranstaltungen statt, zum Beispiel bei Quartalsberichten vor Analysten und Journalisten und bei Generalversammlungen und so weiter. Man hat Angst – natürlich teilweise berechtigt –, dass spontane Äußerungen später als Headlines in den Zeitungen erscheinen. Der Nachteil ist aber offensichtlich: Beim Ablesen eines Manuskriptes neigen sich die Köpfe stets nach unten, und man kann nur kurz in die Menge schauen. Ein Aufnehmen von Augenkontakt mit einzelnen Zuhörern ist also nicht möglich.

Der Teleprompter als Kompromiss

Sie haben vielleicht auch schon gestaunt, wenn Politiker am Fernsehen auftreten und eine Rede halten. Plötzlich können sie völlig unbeschwert und fehlerfrei lange und komplizierte Texte wiedergeben, ohne einen einzigen Augenblick lang ins Manuskript zu schauen. In solch einem Fall benützen sie häufig den Teleprompter:

Stellen Sie sich einen normalen Fernsehapparat vor,

der mit dem Bildschirm nach oben auf dem Boden liegt. Auf dem Bildschirm erscheint Ihr Text, der dann von einem an einem mechanischen Arm befestigten Spiegel in Mannshöhe aufgenommen wird. Bei einer größeren Bühne werden meist zwei Teleprompter links und rechts vom Vortragenden aufgestellt, das bietet ihm die Möglichkeit ins Publikum zu schauen und trotzdem den Text abzulesen.

Die Zuhörer meinen, dass man sie anschaut.

Das ist schon eine tolle Sache! Der Redner muss keine Angst haben steckenzubleiben. Es ist auch nicht mehr nötig, dauernd auf das Manuskript zu schauen, so dass alle Zuschauer mitbekommen, wie er den Text abliest.

Die Sache hat aber dennoch einen Haken: Durch den Teleprompter wird man wieder ins Zeitalter des Textablesens zurückgeworfen. Eine Rede mit Hilfe des Teleprompters bleibt eine abgelesene Rede, also doch eine »Lese«!

Man merkt es zwar kaum, aber es ist eben doch keine echte Kommunikation möglich. Sie registrieren keine Rückmeldungen von den Zuschauern. Sie können nicht den Text ablesen und gleichzeitig »auf Empfang« sein, weil sowohl der Text wie auch sonstige Signale der Zuhörer vom genau gleichen Ort herkommen. Man kann nicht mehrere verschiedene Informationen gleichzeitig aufnehmen und verarbeiten.

Es ist Ihnen vielleicht schon aufgefallen, dass Redner am Fernsehen manchmal einen eher starren Blick haben. Sie schauen einen an und doch nicht. Das ist eine Folge des Teleprompters. Zugegeben, er bietet einen Riesenvorteil gegenüber einem Manuskript, das auf dem Rednerpult oder auf dem Tisch liegt, weil Sie Ihren Blick niemals mehr senken müssen. Aber es bleibt beim Ablesen.

Die Sache hat noch einen zweiten Haken:

Der Teleprompter diktiert Ihr Sprechtempo.

Das Sprechtempo wird vom Operator bestimmt, der den Teleprompter bedient. Wenn jetzt ein Redner oder eine Rednerin die Tendenz hat, zu schnell zu sprechen – das haben viele! –, erhöht der Operator automatisch das Lauftempo des Prompters. So wird das Tempo allmählich viel zu schnell, dass man nicht mehr versteht, was gesagt wird. Es ist in einem solchen Falle unabdingbar, eine Hauptprobe mit dem Teleprompter zu machen. Ein »Schnellredner« sollte dem Operator sagen, er solle bewusst das Tempo langsam halten, damit der Vortragende zum langsamen Sprechen gezwungen wird.

Für Großveranstaltungen ist der Teleprompter sicher geeignet. Vor allem dann, wenn es auf jedes Wort ankommt, zum Beispiel anlässlich der Generalversammlung einer Aktiengesellschaft, wenn der Präsident seine Rede hält, die anschließend in den Medien wiedergegeben wird. Die Kosten sind nicht mehr so hoch. Man rechnet heute mit rund 1500 Euro Tageskosten, inklusive einem Operator.

Es lohnt sich in jedem Fall, vor Beginn der Veranstaltung eine Hauptprobe zu machen. Dabei müssen die Wiedergabespiegel in der Höhe und Neigung so justiert werden, dass der Vortragende sowohl den Text gut wahrnehmen als auch das Publikum im Auge behalten kann.

Der Text muss vorher in der definitiven Fassung in das Gerät eingegeben werden. Allerdings ist es technisch sehr aufwändig, die Rede bei der Hauptprobe zu korrigieren.

Sollten Sie in diese Situation geraten, empfehle ich Ihnen, die ganze Rede probeweise mindestens einmal durchzusprechen und dabei auf die Intonation, Modulation und die Körpersprache zu achten. Versuchen Sie, so lebendig wie möglich zu wirken. Wechseln Sie nicht zu schnell von der linken auf die rechte Seite der Bühne und umgekehrt. Bleiben Sie genügend lang auf einer Seite, so dass die Zuhörer wirklich den Eindruck bekommen, dass Sie sie auch wahrnehmen. Achten Sie auch auf das Sprechtempo, das Ihnen zusagt.

Zu beachten beim Vorbereiten mit Teleprompter

Beachten Sie bei der Ausarbeitung Ihrer Rede den Unterschied zwischen dem *geschriebenen* und dem *gesprochenen* Wort. Nicht jedem ist der Unterschied klar. Wenn eine Rede im geschriebenen Wort verfasst wird, ist sie schwer vorzutragen und für die Zuhörer schlecht verständlich. Schwierige Wörter können Zungenbrecher sein.

Ich erhalte manchmal fertige Reden zur allerletzten Überarbeitung. Dabei versuche ich, den Text »sprechfreundlich« und verständlich zu machen. Oft stelle ich ganze Sätze um, mache aus langen Sätzen kurze, tausche schwierige Wörter gegen einfachere aus und versuche generell, die Sprache zu vereinfachen. Ich ändere oft den Text von der Vergangenheitsform in das Plusquamperfekt.

Das ist in der Schweiz besonders wichtig. Im Schweizerdeutschen existiert die Vergangenheitsform nicht. Deshalb kann man sofort erkennen, ob jemand aus Deutschland stammt, auch wenn er schon jahrelang in der Schweiz lebt und fließend Schweizerdeutsch spricht. Er wird sagen: »Das war schön« anstelle von »Das ist schön gewesen«. Wir Schweizer verstehen deshalb im gesprochenen Wort das Plusquamperfekt besser als die Vergangenheitsform.

Ich bin mir sicher, dass das auch für Deutsche und Österreicher weitgehend zutrifft. Lesen Sie die nachfolgenden Textbeispiele:

- Geschriebenes Wort: *Die Marketingaktivitäten litten – mit Ausnahme des langsam, aber dafür Zug um Zug effizienter werdenden Sales Support Portfolio – stark unter den zunehmend unübersichtlich und unberechenbar gewordenen komplexen Einflussfaktoren der allgemein sich negativ entwickelnden Gesamtsituation.*

- Gesprochenes Wort: *Die Gesamtsituation hat sich negativ entwickelt. Die Einflussfaktoren sind zunehmend komplexer, unübersichtlich und unberechenbar geworden. Das hat sich explosionsartig ausgebreitet. Darunter haben die Marketingaktivi-*

täten gelitten. Einzig das Sales Support Portfolio ist immer effizienter geworden.

Anmerkungen

- Machen Sie kurze Sätze.
- Wählen Sie lieber das Plusquamperfekt, zum Beispiel: »haben gelitten« anstelle der Vergangenheitsform »litten«.
- Ist »Sales Support Portfolio« für alle verständlich?
- Erwähnen Sie immer zum Schluss das Positive.

Zusammengefasst: Der Teleprompter ist eine Synthese zwischen Ablesen von einem Manuskript und scheinbarem freien Reden. Warum scheinbar? Es wirkt nur so, aber in Tat und Wahrheit liest der Redner oder die Rednerin jedes Wort ab.

> Der Teleprompter ist ein Kompromiss. Er verhindert, frei zu reden, denn man muss Wort für Wort ablesen.

So lernt man natürlich nie, frei zu assoziieren und frei zu reden. Und so kann ein Redner oder eine Rednerin niemals das Publikum für sich gewinnen, begeistern und in Hochstimmung bringen. Warum nicht? Weil die Persönlichkeit des Redenden nur minimal zur Geltung kommt. Man ist an einen vorgegebenen Text gebunden, den man wortgetreu wiedergeben muss. Man ist gefangen. Niemals kann man aus sich herausgehen und die Emotionen in sich produzieren, die sich dann auf das Publikum übertragen. Niemals kann man seine Persönlichkeitsmerkmale so stark und authentisch zeigen wie beim freien Reden.

Im Einzelgespräch reden Sie doch auch immer frei

Wenn Sie mit jemandem ein Einzelgespräch führen, schauen Sie auch nicht dauernd auf ein Manuskript, auf dem ganze Sätze ausformuliert sind. Sie haben vielleicht Unterlagen bei sich, darunter sind Notizen mit Stichwörtern, die Sie für dieses Gespräch vorbereitet haben. Aber Sie reden doch auf alle Fälle frei und schauen sehr oft Ihren Gesprächspartner oder Ihre Gesprächspartnerin an, vor allem dann, wenn er oder sie redet. Jemanden nicht anzuschauen, wenn er oder sie redet, ist sehr gefährlich. Die Person fühlt sich ignoriert. Das ist etwas vom Schlimmsten, was passieren kann.

Es ist eine der härtesten Strafen für den Menschen, von anderen ignoriert zu werden.

Das Unbewusste des Menschen, den man nicht anschaut, wenn er zu einem etwas sagt, wird sofort reagieren. Es wird dem Menschen zuflüstern: »Ich bin total unwichtig. Was ich sage, interessiert den anderen überhaupt nicht. Ich bin niemand. Ich bin es nicht wert, dass man mich zur Kenntnis nimmt!«

So ein Gespräch muss ein Misserfolg werden. Wenn einem Menschen keine Zuwendung gegeben wird, fühlt er sich abgelehnt, unverstanden oder eben ignoriert. Und zwar muss es *totale Zuwendung* sein.

Partielle Zuwendung ist bereits eine Strafe.

Der amerikanische Psychologe Abraham Maslow hat die menschlichen Bedürfnisse untersucht und daraus das Konzept der Bedürfnispyramide entwickelt. Die Maslow'sche Pyramide definiert vier Stufen:

- Erste (und unterste) Stufe = Existenzielle Bedürfnisse
- Zweite Stufe = Sicherheitsbedürfnisse
- Dritte Stufe = Soziale Bedürfnisse
- Vierte (und oberste) Stufe = Ich-Bedürfnisse

Das Bedürfnis nach Zuwendung hat Maslow in die dritte Stufe eingeordnet, also als soziales Bedürfnis bezeichnet. Hier hat er sich geirrt. Zuwendung ist ein existenzielles Bedürfnis. Ein neugeborenes Baby, das keine Zuwendung bekommt, wird krank und stirbt in wenigen Monaten.

In den europäischen Dienstleistungsgesellschaften sind die existenziellen Bedürfnisse – Hunger, Durst, Wärme, Schlaf – weitgehend befriedigt. Hunger und Durst kennen wir praktisch nicht, warm haben wir auch, höchstens ein Schlafmanko ist ab und zu möglich. Mit der Zuwendung sieht es ganz anders aus:

Das Bedürfnis nach Zuwendung ist bei den meisten Menschen unbefriedigt.

Wir können also davon ausgehen, dass die meisten Menschen ein Zuwendungsmanko haben. Es ist deshalb geradezu ein psychologisches Verbrechen, jemanden nicht anzuschauen, wenn er zu einem etwas sagt. So werden Todsünden begangen.

Ich stelle immer wieder fest, dass viele Menschen nicht wissen, was sie anrichten, wenn sie ihren Blick auf ihre Unterlagen richten oder anderswohin, wenn ein anderer redet. Damit reden Sie sich ins Aus. Sie wirken auf den Gesprächspartner höchst unsympathisch. Ein Überzeugungsgespräch wird damit scheitern. Der andere fühlt sich unverstanden, abgelehnt und nicht richtig wahrgenommen, und alles, was ihm gesagt wird, kommt bei ihm nicht an.

Hier haben wir den Hauptgrund, warum eine freie Rede unabdingbar ist, wenn Sie andere Menschen überzeugen und begeistern wollen.

> Nur beim freien Vortragen können Sie einzelne Zuhörer anschauen und ihnen die so dringend erwartete Zuwendung geben.

Wenn Sie vom Blatt ablesen oder PowerPoint-Folien kommentieren, ist das nicht möglich (auf PowerPoint komme ich später zurück).

Damit stellt sich die Frage: »Ist es möglich, das freie Reden zu erlernen?« Da kann ich aus Erfahrung sagen: Es ist möglich. Sie brauchen nur die folgenden Anleitungen umzusetzen, und dann können Sie auch frei reden.

Die Vorbereitung

Natürlich müssen Sie eine Rede vorbereiten. Nur wenige begnadete Redner und Rednerinnen können unvorbereitet aufstehen und eine brillante Rede halten, die eine Struktur hat, der man gut folgen kann, und die auch überzeugende Argumente enthält.

Sie finden auf den Umschlaginnenseiten eine Vorlage, auf der die Punkte der Vorbereitung aufgeführt sind, die ich Ihnen nachfolgend vorstelle.

Eine Kopie davon können Sie immer bei sich tragen und Sie dann konsultieren, wenn Sie eine Rede vorbereiten müssen.

Meist steht der Termin eines Vortrags schon lange vorher fest. Man beginnt bereits bei der Auftragserteilung, sich Gedanken zu machen, wer wohl die Zuhörer sind und was man ihnen alles sagen möchte. Ein gewisses Lampenfieber beginnt sich zu entwickeln. Das ist normal und sogar gut. So kommt der kreative Geist auf Hochtouren!

Hängen Sie Ihren Gedanken nach, wann immer sich die Gelegenheit dazu bietet, zum Beispiel in einer ruhigen Stunde, wenn Sie – auf Reisen oder zu Hause – zu müde zum Lesen und zu wenig müde zum Schlafen sind. In einem solchen Zustand zwischen Wachsein und Schlafen ist man sehr kreativ. Es kommen gute Einfälle. Notieren Sie sich diese, sonst können sie wieder verloren gehen.

Ich nenne das die *frühe geistige Vorbereitung.* Sie ist nicht an eine Zeitdauer gebunden. Immer dann, wenn ich Lust und auch die Gelegenheit habe, denke ich ein wenig an das bevorstehende Referat. Gute Einfälle kommen dann meistens ganz von selbst.

Die Vorbereitungszeit verkürzen

Topmanager haben – infolge ihrer Überlastung – immer weniger Zeit oder manchmal überhaupt keine Zeit mehr, sich auf einen Auftritt umfassend vorzubereiten. Wenn es Ihnen auch so geht, sind Sie gezwungen, einen Weg zu finden, wie Sie sich innerhalb weniger Minuten trotzdem so optimal wie möglich auf einen Auftritt vorbereiten können.

Im Folgenden beschreibe ich den Weg, wie ich mich selbst auf ein Referat vorbereite. In meinen Seminaren gehe ich ihn zusammen mit den Teilnehmern ebenfalls durch, denn diese müssen für den zweiten Seminartag als Hausaufgabe einen Kurzvortrag von zehn Minuten vorbereiten. Sie folgen dann zu Hause ihrerseits diesen Gedanken und finden es meist sehr aufwändig.

Ihnen wird es wahrscheinlich auch so gehen, wenn Sie Ihren nächsten Vortrag so vorbereiten. Ich kann Ihnen allerdings versichern, dass Sie nur beim ersten Mal relativ viel Zeit dafür brauchen. Vom zweiten Mal an wird die Vorbereitungszeit immer kürzer sein. Das bestätigen mir auch meine Seminarteilnehmer.

Auch wenn Sie praktisch überhaupt keine Zeit haben, um sich vorzubereiten, werden Sie sich nach einiger Übung innerhalb weniger Minuten – zum Beispiel auf dem Weg zum Veranstaltungsort – trotzdem vorbereiten können.

Stellen Sie sich die folgenden Fragen genau in der Reihenfolge:

Was interessiert meine Zuhörer am meisten?

Was will ich mit diesem Referat erreichen?

Was ist meine Hauptbotschaft?

Was sind meine wichtigsten Argumente?

Mit welchen Beispielen kann ich diese begründen?

Sie werden feststellen, dass Ihr Referat in der Struktur und im Ablauf viel zielgerichteter sein wird, wenn Sie diese Reihenfolge einhalten.

Analyse der Zielgruppe

Das Erste, worüber Sie nachdenken sollten, ist immer die Frage, *wer Ihre Zuhörer sind.* Je homogener Ihre Zielgruppe ist, desto gezielter können Sie Ihr Referat auslegen und desto direkter können Sie Ihre Zuhörer ansprechen. Haben Sie einen Fernsehauftritt, können Sie diesen Schritt vergessen, denn es werden Menschen aller Gattungen zuschauen und zuhören. Da muss es in Ihrem Auftritt etwas für jeden geben. Das ist gar nicht einfach!

Für interne oder externe Auftritte befassen Sie sich zuerst mit den Menschen, die Sie mit Ihrer Rede beglücken wollen. Ich nehme absichtlich den Begriff *beglücken,* nicht langweilen! Ihre Zuhörer sollen nicht vor Langeweile sterben, sondern Ihnen interessiert zuhören. Die Aufmerksamkeit der Zuhörer hängt (fast) allein von Ihnen ab!

Überzeugungsreden sollten unterhaltsam und spannend sein.

Ich gehe davon aus, dass Sie Ihre Zuhörer von etwas Konkretem überzeugen wollen. Ihre Rede ist also immer – wenn nicht ganz, so zumindest hauptsächlich – eine *Überzeugungsrede.* Auftritte bei Medienkonferenzen, Generalversammlungen, Jahrestagungen, Kick-Off-Meetings und so weiter dürfen nicht reine Informationsveranstaltungen sein, sondern müssen unbedingt

Überzeugungscharakter haben. Andere Redeformen, wie zum Beispiel eine Festrede oder Grabrede, sollen eher eine bestimmte Atmosphäre schaffen und keine Meinungs- oder Einstellungsänderungen bezwecken.

Wenn Sie Ihre Zuhörer von etwas Konkretem überzeugen wollen, von dem Sie selbst überzeugt sind, bedingt das eine positive Einstellung zu diesen Menschen. Jemand, den man nicht mag, kann man von nichts überzeugen. Außerdem hat die unfaire Dialektik keinen Platz in der Überzeugungsrede. Im Streitgespräch schon, da empfiehlt es sich sogar, manchmal böse Dinge anzudeuten, ohne sie klar auszusprechen.

In Überzeugungsreden ist die unfaire Dialektik nicht angebracht.

Wenn ein Redner zum Beispiel sagt: »Es würde mir nie einfallen, Herrn Meier als einen chronischen Alkoholiker zu bezeichnen«, dann hat er es eben trotzdem gesagt. Im Streitgespräch können Sie Ihre Gegner ja auch nicht von Ihrem Standpunkt überzeugen, sondern Sie arbeiten »für die Galerie«, das heißt, Sie wollen die Gunst möglichst vieler unbeteiligter Zuhörer gewinnen.

Im Streitgespräch ist Schlagfertigkeit erwünscht. Wenn man Sie angreift, schlagen Sie möglichst blitzartig zurück. Das ist auch nicht jedermann gegeben. Es besteht die Meinung, Schlagfertigkeit könne man lernen. Ich habe da meine Zweifel. Ich selbst bin überhaupt nicht schlagfertig. Einmal war ich bei einem bösen Angriff eines Anrufers in einer Talkshow am Fernsehen derart perplex, dass ich nicht reagieren konnte, sondern sagte: »Jetzt bin ich sprachlos!« Daraufhin bekam ich viele Sympathiemeldungen von Zuschauern.

In Überzeugungsreden braucht es eigentlich keine Schlagfertigkeit. Sie schlagen Ihre Zuhörer nicht, sondern Sie umarmen Sie!

Nach meiner Erfahrung ist ein Mangel an Schlagfertigkeit nicht unbedingt eine Schwäche. Viele sogenannte Schwächen eines Redners werden vom Publikum gar nicht so empfunden. Umgekehrt kann man so etwas aber auch erleben: Oft meint ein Redner, eine bestimmte Äußerung, ein gezeigtes Bild oder ein bestimmtes Verhalten sei ein Hit: Aber die Zuhörer bleiben unbewegt.

In jedem Fall ist es wichtig für Sie, möglichst viel

über Ihre Zielgruppe zu wissen. Dann können Sie Ihre Zuhörer mit Aussagen direkt ansprechen, die sie persönlich betreffen. Es kommt gut an, wenn der Redner zum Beispiel sagt: »Wie ich erfahren habe, sind Sie in letzter Zeit gerade mit dem Fall X beschäftigt, der Sie sicher sehr berührt. Das verstehe ich sehr gut.«

Solche Äußerungen stellen sofort eine Verbindung zwischen dem Redner und den Zuhörern her. Wenn der Inhalt der Rede einige Aussagen enthält, die auf die Zuhörer ausgelegt sind, entsteht der Eindruck, dass die Rede speziell für diese Zielgruppe und für diesen Anlass vorbereitet wurde. Das erhöht die Wirkung des Vortrages ganz erheblich.

Das Ziel der Rede

Jede Rede hat ein Ziel oder sollte eines haben. Wenn sich der Zuhörer laufend fragen muss: »Was will der Redner eigentlich?«, ist die Aufmerksamkeit schnell dahin. Oft ist es noch schlimmer: Die Zuhörer fragen sich, warum sie überhaupt gekommen sind, sich diesen Vortrag anzuhören.

Schon zu Beginn muss das Ziel einer Rede klar sein.

Sobald man das Gefühl hat, seine Zeit zu verlieren, beschuldigt man den Redner. Er trägt die Schuld daran, dass man nicht besser dies und das hätte erledigen können, sondern hier im Saal sitzen muss und zum Schweigen und Zuhören verdammt ist. Kostbare und teure Zeit geht verloren.

Es passiert auch sehr oft, dass man in einer Überzeugungsrede viel zu wenig weit geht. Wenn ich bei meinen Coachings meine Klienten frage, was sie mit der bevorstehenden Rede oder Präsentation erreichen wollen, höre ich manchmal etwa Folgendes: »Ich möchte meinen Mitarbeitern die neue IT-Lösung näherbringen«, »Ich will meine Mitarbeiter über den Umzug ins neue Fabrikgebäude informieren«, »Ich möchte dem potenziellen Kunden unsere Firma vorstellen«.

Solche Ziele genügen mir nicht. *Näherbringen, informieren* und *vorstellen* sind für mich keine Ziele einer Überzeugungsrede. Da könnte man sich den ganzen Aufwand doch sparen und den Mitarbeitern eine E-Mail oder dem potenziellen Kunden Unterlagen zustellen.

Dann können diese die Mitteilungen lesen, wann immer sie wollen. Oder auch nicht.

> **Eine Überzeugungsrede muss Veränderungen auslösen.**

Wenn sich schon alle Leute versammeln und Sie vor ihnen stehen, sollten Sie doch viel weiter gehen. Sie wollen etwas verändern. Ihre Zuhörer sollen anders nach Hause gehen, als sie gekommen sind. Ich würde die vorher geschilderten Ziele etwa wie folgt formulieren:

Ich möchte meine Mitarbeiter für die neue IT-Lösung begeistern und sie auffordern, alle ihre Unterstützung zu geben, damit die Umstellung möglichst reibungslos abläuft.

Ich möchte die Mitarbeiter beruhigen, dass der Umzug ins neue Fabrikgebäude zwar mit einer persönlichen Umstellung verbunden ist, die Einzelnen vielleicht anfänglich etwas wehtut. Die Mitarbeiter sollen einsehen und verstehen, dass diese Umstellung für unser Unternehmen von entscheidender Bedeutung ist.

Ich will den potenziellen Kunden für uns gewinnen und davon überzeugen, dass wir für ihn der ideale Partner sind.

Dies sind bessere Ziele für eine Überzeugungsrede. Die erstgenannten Formulierungen sind eher für eine Lektion, eine Vorlesung oder für einen langweiligen Informationsvortrag geeignet. Die Frage ist immer: Was passiert nach so einer Veranstaltung? Sie sollten sich immer zuerst klar darüber werden, was Sie überhaupt mit Ihrem Vortrag bezwecken, bevor Sie an die Vorbereitung gehen.

Nebst offiziellen Zielen gibt es für mich auch immer noch *interne* oder *persönliche* Ziele. Wenn zum Beispiel ein neuer Chef seine erste Rede vor seinen Mitarbeitern hält, sollte er sich zum Ziel setzen, dass hinterher alle Mitarbeiter sagen: »Das ist der beste Chef, den wir haben können!« Die persönliche Profilierung des Redners ist ebenso wichtig wie die Annahme seiner Thesen und Argumente. Ein guter Redner hat nach der Meinung der Zuhörer immer auch die besseren Argumente. Ein schwacher Redner kann noch so gute Argumente vorbringen, man glaubt ihm nicht.

Im Kontext der Überzeugungsrede braucht es beides: eine starke Rednerpersönlichkeit und überzeugende Argumente. Vor allem muss ein klares, konkretes Ziel für die Rede feststehen. Dieses Ziel muss beim Anhören der Rede immer klar zum Ausdruck kommen.

Die Hauptbotschaft und der Schlusssatz

Einem Redner zuzuhören ist nur dann interessant, wenn man als Zuhörer die ganze Zeit realisiert, was sein Hauptanliegen ist. Abgesehen von seiner Wirkung als Persönlichkeit, muss vom Inhalt her immer klar sein, was der Redner mit seinem Vortrag erreichen will.

»Wir wollen die Besten sein!«, ist eine klare Botschaft. Diese muss sich auch immer wieder ausdrücken im Lauf der Rede.

»Nicht das zweitbeste, sondern nur das beste Resultat ist uns gut genug! Was bisher war, ist nicht mehr aktuell!«, ist eine andere Botschaft. »Wir müssen umdenken!«, ist die Folge davon.

»Das bedeutet für uns …«, sind die Konsequenzen.

So ergibt sich fast automatisch eine Struktur, der man als Zuhörer leicht folgen kann. Die Hauptbotschaft muss von Anfang an klar sein, sie muss während des ganzen Vortrages immer wieder aufleuchten und die Zuhörer bis an den Schluss führen. So kann der Inhalt dazu beitragen, dass niemand einschläft. Wenn trotzdem jemand mal für ein paar Sekunden abschaltet – was leider immer wieder vorkommt –, kann er sofort wieder den roten Faden finden, wo der Redner jetzt steht, denn seine Hauptbotschaft ist klar und dringt immer wieder durch. So kann sich der Zuhörer immer sofort orientieren.

Die Hauptbotschaft muss sich im Schlusssatz wiederholen.

> Am Schluss einer Überzeugungsrede müssen die Glocken läuten!

Der Schlusssatz ist der wichtigste Satz der ganzen Rede. Er muss unbedingt noch einmal klar ausdrücken, was der Redner eigentlich wollte, wozu man zu diesem Vortrag eingeladen wurde und was der Redner vom Zuhörer erwartet. Eine Rede ohne Schlusssatz ist wie eine Suppe ohne Salz.

Gute Schlusssätze sind ein Appell:

> Hiermit ersuche ich Sie, meine Damen und Herren, geben Sie uns grünes Licht für dieses Projekt!

Sie haben jetzt klar mein Anliegen gehört; ich bitte Sie, das jetzt auch zu erfüllen! Ich bin mir sicher, dass Sie klar verstanden haben, worum es mir geht, und ich fordere Sie deshalb auf: Tun Sie den ersten Schritt! Die Gründe, die ich dargelegt habe, sprechen für sich, es ist deshalb unabdingbar, dass wir alle jetzt diesen Weg gehen!

Auch ein persönliches Bekenntnis eignet sich für einen Schlusssatz:

Aus diesen Gründen bin ich vollkommen davon überzeugt, dass dies der richtige Weg für uns ist!

Es ist deshalb meine volle Überzeugung, dass wir zusammen dieses Ziel erreichen können!

Ich erachte es somit für absolut erforderlich, dass wir zu dieser Maßnahme bereit sind!

Es gibt sicher Ausnahmen, bei denen Sie weder einen Appell noch ein persönliches Bekenntnis für den Schlusssatz wählen können. Bei einer Festrede oder feierlichen Verabschiedung muss man beispielsweise einen anderen Schluss finden.

Ich empfehle Ihnen, den Schlusssatz bereits vorher

zu formulieren, noch bevor Sie Ihre Rede vorbereiten. So wird Ihre ganze Rede viel zielgerichteter ausfallen. Schreiben Sie den Schlusssatz ausformuliert auf einen Manuskriptzettel. Dieser Satz ist zu wichtig, um ihn zu improvisieren.

> Den Schlusssatz müssen Sie auswendig lernen oder sich vorher aus dem Manuskript nochmals einprägen.

Auch wenn Sie frei reden und auf dem Manuskript nur Stichworte haben, empfehle ich, diesen Schlusssatz vorformuliert auf der letzten Seite des Manuskriptes anzubringen. Wenn Sie zum Ende der Rede kommen, können Sie kurz auf dieses Blatt schauen, sich den Satz noch einmal einprägen und ihn dann mit lauter Stimme klar und prägnant aussprechen.

Persönliches einbringen

Sie haben also das Ziel Ihrer Rede klar definiert und auch den Schlusssatz bereits ausformuliert, bevor Sie überhaupt damit begonnen haben, Ihre Rede vorzubereiten. Diese Vorgehensweise wird sich lohnen, denn Sie werden sehen, dass Ihre Rede damit von Anfang an den richtigen roten Faden erhält; sie wird so viel zielgerichteter sein.

Während Sie über Ihre Zielgruppe nachgedacht haben, sind Ihnen vielleicht bereits einige gute Aussagen, Beispiele, Gags oder Highlights eingefallen, die Sie in Ihre Rede einbringen können. Solche Einfälle müssen Sie sich jeweils notieren, sonst können Sie eventuell wieder verloren gehen.

> **Notieren Sie sich Highlights für Ihre Rede immer sofort, wenn sie Ihnen einfallen.**

Apropos notieren: Jeder hat seine eigene Methode, und dabei soll er auch bleiben. Einige nehmen kleine Zettel. Andere sind begeisterte Fans der Mind-Map-Methode nach Tony Buzan, Skizzen eines Gedankenbaums mit Zweigen und Ästen. Früher gab es manche, die ihre Ideen auf Taschendiktiergeräten festhielten – wie auch immer: Wichtig ist, dass Sie Ihre Geistesblitze irgendwo festhalten, damit diese nicht verloren gehen.

Im Zustand der tiefen Entspannung ist der Mensch äußerst kreativ. Die Tür zum Unbewussten wird geöffnet, und es kommen gute Gedanken.

Sie befinden sich immer noch in der Phase der latenten mentalen Vorbereitung. In stillen Momenten, wenn Sie Ihren Gedanken nachhängen, kommen meist noch weitere gute Einfälle, wie Sie Ihre Rede zusätzlich würzen und somit noch attraktiver gestalten können. Vielleicht kommt Ihnen ein geeignetes Zitat in den Sinn, oder es fällt Ihnen eine lustige Geschichte ein, die Sie erzählen können.

Denken Sie daran, dass die Zuhörer neugierig sind. Sie wollen wissen, wie Sie denken, wie Sie fühlen, und ein Stück weit auch, wie Sie leben. Befriedigen Sie die Neugierde Ihrer Zuhörer, indem Sie etwas von sich preisgeben, ein bestimmtes Erlebnis, das Sie beeindruckt hat und das zu Ihrem Thema passt. Oder etwas, das Sie irgendwo gelesen haben, das Sie nachdenklich gemacht hat.

Schöpfen Sie aus der Tiefe heraus. Hören Sie auf Ihre innere Stimme, was sie Ihnen zuflüstert. Die Einfälle, die so kommen, sind oft Höhepunkte Ihrer Rede, die von den Zuhörern nie mehr vergessen werden. Zudem erhält Ihre Rede eine persönliche Note, wenn sie solche Gedanken enthält, die aus Ihrem Inneren heraus entsprungen sind.

Ich lasse diesen Prozess der mentalen Vorbereitung auch weiterlaufen, nachdem ich eine Rede bereits fertig vorbereitet habe. Oft fallen mir, kurz bevor ich auftrete, noch wertvolle Dinge ein, die ich dann in die Rede einbringe. Auch wenn Ihr Thema eher technisch, rational und nüchtern ist, können Sie Ihren Vortrag mit eigenen Ansichten, Erlebnissen und Beobachtungen beleben. Sie wollen ja einen bleibenden Eindruck hinterlassen. Es sind solche persönliche Aussagen, die Ihren Vortrag zu einem Leckerbissen machen, der den Zuhörern lang in Erinnerung bleibt.

Erzählen Sie Geschichten und positive Erlebnisse.

Die Zuhörer wollen Geschichten hören. Erzählen Sie selbst erlebte Beispiele aus dem Hier und Jetzt. Dann sperren die Menschen Mund und Augen auf, das ist jedenfalls meine langjährige Erfahrung.

Ich arbeite sehr viel mit selbst erlebten Beispielen aus

meiner Erlebniswelt. Es ist beinahe unglaublich, wie dankbar die Zuhörer sind, wenn Sie interessante eigene Erlebnisse erzählen. Da hatte sich der mit mir befreundeter Zürcher Regierungsrat Hans Hollenstein dazu bereit erklärt, anlässlich einer Buchvorstellung eine Rede über den vorher verstorbenen Autor – einen Pfarrer – zu halten. Die Veranstaltung fand in einer Kirche statt, und es waren über 500 Personen anwesend. Auf meinen Rat hin fasste sich mein Freund sehr kurz in der Schilderung des Lebenslaufs des Verstorbenen, erzählte aber zwei Erlebnisse, die er mit ihm hatte. Das eine war sehr traurig, er traf den Verstorbenen drei Stunden vor seinem Tod an seinem Sterbebett. Während er das erzählte, stockte seine Stimme, und er war den Tränen nahe. Die Zuhörer auch.

Dann erzählte er einen frohen Moment. Der volksverbundene Pfarrer, der ihn und seine Braut traute, führte nach einer Kutschenfahrt, die sie beide unternommen hatten, ein amüsantes Brautgespräch. Mein Freund zog so die ganze Kirche in seinen Bann und erhielt viele Komplimente für seine einzigartige Rede.

Haben Sie den Mut, zusätzlich zu den unabänderlichen Tatsachen und Zahlen, die Sie präsentieren müssen, auch persönliche Aussagen zu machen und interessante Erlebnisse zu erzählen, die sich zur Begründung

Ihrer Thesen eignen. Sie werden sich damit gewaltig profilieren.

Material beschaffen

Erst jetzt, nachdem Sie alle vorher erwähnten Schritte unternommen haben, beginnen Sie mit der eigentlichen Vorbereitung Ihrer Präsentation, Ihres Vortrages oder Ihrer Rede. Sie benötigen Bausteine, um das Haus Ihrer Rede zu bauen. Vielleicht haben Sie Mitarbeiter, die Ihnen diese Vorbereitung abnehmen, indem sie die notwendigen Ergebnisse, Zahlen, Argumente und Begründungen beschaffen und in eine logische Reihenfolge bringen.

Oft werden *PowerPoint-Präsentationen* von ganzen Teams vorbereitet, die tagelang – und manchmal auch nächtelang – daran arbeiten. Was dabei herauskommt, sind detaillierte und meist schlüssige, aber sehr umfangreiche Inhalte mit viel Text, Zahlen, Bildern, Diagrammen, Kurven und anderen Darstellungen.

Wenn Sie solch allzu ausführliche Präsentationen unverändert vortragen, alle PowerPoint-Folien zeigen, erklären und kommentieren, können Sie lediglich dozieren, aber niemand überzeugen. Müssen Sie denn das alles im Laufe Ihres Vortrages auch zeigen? Können Sie nicht einige Folien einfach weglassen?

Wenn Sie weniger PowerPoint-Folien zeigen, als Sie in Ihren Unterlagen abgeben, müssen Sie weniger erklären und gewinnen längere Strecken der freien Rede, in denen Sie Ihr Publikum begeistern können (darauf komme ich später noch einmal zurück).

Ihre *Thesen,* die Sie in Ihrem Vortrag darlegen, müssen einer kritischen Prüfung durch Ihre Zuhörer standhalten. Jede These muss auch begründet werden.

Sie benötigen auf alle Fälle schlüssige, beweiskräftige und möglichst partnerorientierte *Argumente.* Die Argumente sind die Bausteine, womit Sie Ihre Rede bauen. Sie können solche Argumente, die eigentlich unumstößlich sein sollten, immer noch zusätzlich kommentieren, sodass sie in Ihrem Sinne von den Zuhörern verstanden werden. Aber das Haus Ihrer Rede muss aus soliden, haltbaren Bausteinen gebaut sein.

Ihre eigentliche Überzeugungsarbeit liegt im *Begründen* und *Kommentieren* der Thesen Ihres ziemlich feststehenden Inhalts.

Hier einige Anregungen:
Eine These können Sie eindrücklich und nachhaltig mit einem Beispiel begründen. Das Beispiel sollte aber mög-

lichst aus dem Hier und Jetzt und selbst erlebt sein. Beispiele, die lange zurückliegen, sind unglaubwürdig und lassen Sie antiquiert erscheinen:

- »Nach dem Zweiten Weltkrieg…!« Da denkt jeder: »Oh, der ist ja schon halb gestorben!«
- Besser ist: »Gerade letzte Woche ist mir Folgendes passiert…!«, oder: »Heute beim Herkommen habe ich Folgendes erlebt…!«

Variieren Sie Ihre Beispiele, und lassen Sie sich immer wieder neue einfallen. Erzählen Sie nicht immer das Gleiche. Ich kenne einen Geschäftsführer, der an internen Tagungen seit Jahren immer das gleiche Beispiel brachte. Damit macht er sich bei seinen Mitarbeitern lächerlich.

Beispiele sind fantastische Mittel, die Zuhörer zu fesseln. Ich arbeite sehr viel mit Beispielen aus meinem eigenen, persönlichen Erlebnisbereich. Es fällt mir immer wieder auf, wie stark solche Erlebnisse bei den Zuhörern ankommen. Sie erinnern sich teilweise noch nach Jahren an einzelne solcher Geschichten, die ich damals in einem Vortrag eingeflochten und selbst bereits wieder vergessen habe.

Beispiele verallgemeinern. Das ist vielleicht ein kleiner Nachteil. Aber der Vorteil überwiegt bei Weitem.

Sogar Wissenschaftler verwenden mehr und mehr Beispiele, weil sie deren Beweiskraft erkannt haben. Was
früher in diesen Kreisen eher verpönt war, kommt jetzt
auch dort immer mehr auf. Man ist sich bewusst geworden, dass jede These auch leicht durch eine Antithese in Frage gestellt werden kann. Ein selbst erlebtes
Beispiel jedoch kann kaum widerlegt werden.

Begründen Sie Ihre Thesen und Vorschläge mit persönlichen, selbst erlebten Beispielen. Erzählen Sie kurze
Geschichten.

Es besteht ein Unterschied zwischen dem gesprochenen und dem geschriebenen Wort. Im geschriebenen
Wort wäre ich vielleicht schon etwas vorsichtig in der
Verwendung von Beispielen. In Reden und Vorträgen
hingegen habe ich damit nur die allerbesten Erfahrungen gemacht.

Auf der Vorlage für die Redevorbereitung auf den
Umschlaginnenseiten habe ich unter »Punkt 3: Fragen
an mich selbst« aufgeführt: »Gibt es etwas, was mir am
Thema weniger gut gefällt?« Wenn Sie sich diese Frage
stellen, kommen Sie auf Gründe, die gegen Ihre These

oder Ihren Vorschlag sprechen. Das ist Absicht. Mein Rat: Beleuchten Sie immer auch die Gegenseite.

> **Führen Sie in Ihrer Rede auch Gegenargumente an, aber hüten Sie sich vor Eigentoren!**

Bringen Sie nicht nur »Pros«, sondern auch »Cons« vor. Ich meine damit, dass Sie auch Gründe aufführen sollten, die eher gegen Ihre Zielsetzung sprechen. Warum? Ist das nicht kontraproduktiv? Ich meine natürlich nicht, dass Sie schwerwiegende Gründe gegen Ihre Argumentation aufführen und damit Eigentore schießen sollen. Aber gewisse Schwierigkeiten, die entstehen können, wenn man den Weg geht, den Sie vorschlagen, sollten Sie schon erwähnen. Die Zuhörer werden sicherlich auch selber draufkommen.

Deshalb gehört zur hohen Schule der Überzeugungskunst, ebenfalls einige Gründe aufzuführen, die gegen das Ziel Ihrer Rede sprechen. Wenn sich alles so gut anhört, denken die Zuhörer beim Nachhausefahren: »Wo liegt der Haken?« Wenn Sie jedoch selbst ein paar Gründe aufführen, die eher dagegensprechen, denken sie: »Der hat an alles gedacht!« Das ist wirklich hohe

Schule und wird nur von wenigen Rednern und Rednerinnen angewendet.

Nachdem Sie ein solches Gegenargument genannt haben, sollten Sie es wieder etwas abschwächen, indem Sie etwas Positives dazu sagen, damit das Gegenargument nicht im Raum stehen bleibt.

Beispiele:

- Diese Umstellung bedeutet allerdings, dass Sie sich sehr stark einsetzen müssen.
- Die Kosten für die neue Maschine werden hoch sein.
- Wir werden hart daran arbeiten müssen.
- Es wird mindestens zwei Jahre dauern, bis wir so weit sind.
- Das Ganze wird kein Zuckerschlecken werden.

Setzen Sie jeweils dann immer die Vorteile dagegen, damit das Gegenargument nicht einfach stehen bleibt:

- Es wird sich aber sicher lohnen.
- Das ist jedoch unsere einzige Chance.
- Damit werden wir uns künftig sehr stark profilieren können.
- Das sichert dafür unsere Zukunft.

Wenn Sie so vorgehen, wirken Sie eher objektiv und umsichtig auf die Zuhörer, als wenn Sie nur Ihre positiven Argumente vorbringen.

Strukturieren

Jede Rede braucht eine Struktur. Diese Struktur muss für die Zuhörer auch leicht erkennbar sein. Unterschätzen Sie bitte nicht, dass die Zuhörer ein sehr starkes Bedürfnis nach Struktur haben. Wenn diese nicht wissen, worüber Sie jeweils gerade reden, werden sie schnell verunsichert und ärgern sich.

Es ist eigentlich sehr einfach: Eine gute Rede braucht einen Anfang, einen Hauptteil und einen Schluss. Ja, ganz so einfach ist es nun doch wieder nicht! Aber allzu schwierig wird die Strukturierung auch nicht sein, wenn Sie einfach mal damit beginnen. Sie sind wahrscheinlich schon bei der Beschaffung Ihrer Bausteine in einer bestimmten Reihenfolge vorgegangen. Diese Reihenfolge ist meist bereits die richtige Strukturierung für Ihre Rede. Eines folgt ganz logisch dem anderen.

Es hält Sie also nichts zurück, die Notizen, die Sie im Lauf der mentalen Vorbereitung gemacht haben, in einer logischen Reihenfolge stichwortartig niederzuschreiben. Komplizierte Strukturen sind oft schwer zu erkennen. Um Ihren Überzeugungsreden eine logische und gut erkennbare Architektur zu verschaffen, empfehle ich die folgende Struktur:

Struktur für die Überzeugungsrede
Einleitung

(kann mit mehreren rhetorischen Fragen erfolgen)

- Warum sind wir hier zusammengekommen?
- Was ist das Ziel der heutigen Veranstaltung?
- Wie wichtig ist unsere heutige Zusammenkunft?
- Wie stellt sich die heutige Situation dar?
- Welche Maßnahmen wollen wir treffen?
- Welche Ziele wollen wir erreichen?

und so weiter.

Schilderung des Sachverhalts

- So sieht die heutige Situation aus ...
- Das sind die unabänderlichen Tatsachen ...
- Die jetzigen Probleme sind folgende ...

These(n), als persönliche Meinung formuliert

- So sehe ich es ...
- Das ist meine Meinung ...
- Folgendes ist zu tun ...

Begründung der These(n)

- Argumente (partnerorientiert, schlüssig, beweiskräftig, überzeugend)
- Beispiele (selbst erlebt, aus dem Hier und Jetzt)

Zusammenfassung

- Lassen Sie mich zusammenfassen ...
- Ich fasse zusammen ...

(Die wichtigsten Thesen und Argumente wiederholen, aber nur kurze Sätze)

Schlusssatz

- Appell (Aus diesen Gründen fordere ich Sie auf ...)
- Persönliches Bekenntnis (Deshalb bin ich vollkommen überzeugt, dass ...)

Rhetorische Fragen

Die rhetorische Frage ist eine Frage, auf die keine Antwort erwartet wird. Sie ist ein sehr gutes Arbeitsmittel für die Überzeugungsrede, damit die Zuhörer die Struktur besser erkennen können. Im Streitgespräch dagegen ist sie völlig ungeeignet, denn sie würde dem Gegner das Wort zuspielen!

Mit rhetorischen Fragen können Sie im Voraus bekannt geben, was nachher folgt. Sie eignen sich deshalb vorzüglich für die Strukturierung einer Rede. Sie können Ihre Rede zum Beispiel mit drei aufeinanderfolgenden rhetorischen Fragen einleiten:

1. Wie sieht unsere Situation heute aus?
2. Welche Maßnahmen drängen sich deshalb auf?
3. Wie werden wir diese Maßnahmen umsetzen?

Eine solche Einleitung erzeugt Interesse. Alle sind gespannt auf Ihre Rede. Die meisten Redner kündigen den Inhalt zu Beginn ihrer Rede konventionell an wie zum Beispiel:

1. Lassen Sie mich die Situation von heute schildern.
2. Ich werde auch über die nötigen Maßnahmen sprechen, die zu treffen sind.
3. Ebenfalls werde ich behandeln, wie wir vorgehen müssen, um diese Maßnahmen umzusetzen.
4. Leider reicht die Zeit nicht aus, um noch mehr ins Detail zu gehen.

Bei solchen Ankündigungen denkt man oft: »Um Gottes willen, was kommt da alles auf mich zu?« Bei rhetorischen Fragen hingegen ist man gespannt darauf zu hören, was jetzt kommt.

Weiter empfehle ich zum besseren Erkennen der Struktur einer Rede, jeden Abschnitt mit einer rhetorischen Frage einzuleiten:

- *Wie* sieht dieses Nächste aus?
- *So* sieht dieses Nächste aus ... (Ihre These)
- *Deshalb* sieht dieses Nächste so aus ... (Begründung)

Rhetorische Fragen sind ein gutes Mittel, dem Zuhörer mitzuteilen, wo Sie sich in Ihrer Rede jeweils gerade befinden. Die Zuhörer haben ein ausgesprochenes Bedürfnis nach Struktur und wollen laufend wissen, worüber Sie gerade jetzt reden, an welcher Stelle Sie stehen. Wenn sie das nicht genau erkennen können, fühlen sie sich bald verloren und können deshalb leicht aggressiv werden.

Ich habe selbst erlebt, wie Redner thematisch Haken geschlagen und jeweils über ganz andere Dinge geredet haben, als sie auf der Leinwand gezeigt hatten. Dabei spürte ich, wie in mir negative Gefühle hochkamen und sich immer mehr steigerten. Solche Redner wurden mir deshalb bald unsympathisch.

Achtung

Schauen Sie beim Stellen einer rhetorischen Frage niemanden längere Zeit an, sonst käme diese Person in Verlegenheit: Soll sie nun die Frage beantworten oder nicht? Schauen Sie bewusst über die Köpfe der Zuhörer hinweg. Dies ist eine der Ausnahmen der Augenkontakt-Regel.

Sprechen Sie ab und zu Ihre Gefühle aus

Gehen Sie in Ihrer Rede auch ab und zu mal auf die emotionale Ebene. Sie haben die Möglichkeit, durch das Aussprechen Ihrer eigenen Gefühle eine Argumentation emotional zu verstärken und zu begründen. Lesen Sie die drei Beispiele der folgenden Argumentation, im ersten Beispiel ist sie jeweils rein rational, im zweiten mit Gefühlen ergänzt:

Beispiel 1

- *Nur rational:* Diese Investition wird sich lohnen, das neue Gerät ist zuverlässig und wird Ihre Kosten senken, sodass es in zwei Jahren amortisiert ist.
- *Rational und emotional:* Ich bin immer wieder begeistert zu hören, wenn unsere Kunden bestätigen, dass

sich die Investition gelohnt hat und das Gerät in zwei Jahren amortisiert wurde. Ich bin absolut überzeugt, dass das auch bei Ihnen der Fall sein wird, und freue mich schon darauf, wenn Sie mir das dann auch bestätigen.

Beispiel 2

- *Nur rational:* Wir müssen 200 Arbeitsplätze abbauen, um unsere Kosten zu senken, sonst sind wir im internationalen Markt nicht mehr konkurrenzfähig.
- *Rational und emotional:* Es macht mir sehr zu schaffen, dass wir 200 Arbeitsplätze abbauen müssen, aber ich wäre verzweifelt, wenn wir sonst im internationalen Markt nicht mehr konkurrenzfähig wären.

Beispiel 3

- *Nur rational:* Die Umstellung auf das neue System ist unproblematisch, die Benutzer gewöhnen sich sehr bald an die neue Bedienung.
- *Rational und emotional:* Wenn Sie Angst vor der Umstellung haben, kann ich Sie beruhigen. Ich bin immer wieder fasziniert davon, wie leicht sich die Benutzer an die neue Bedienung gewöhnen.

Merken Sie etwas? Sie bringen sich in der zweiten Argumentation jeweils selbst ein, und zwar mit Ihren eigenen Gefühlen, die Sie in Bezug auf diese Argumentation haben. Die alte Regel, man solle in einer Rede oder in einem Überzeugungsgespräch möglichst wenig »ich« sagen, dafür mehr »wir«, ist nach wie vor gültig. Es kommt jedoch darauf an, welche Ebene gemeint ist, die rationale oder die emotionale Ebene.

In der rationalen Ebene, bei Feststellungen von Tatsachen, ist das »Wir« besser:

- Wir haben es geschafft.
- Es ist uns gelungen, ein neues Produkt zu entwickeln.
- Unser Team bemüht sich sehr, Lösungen zu finden.
- Wir alle ziehen an einem Strick.
- Wir haben unser Ziel erreicht.

In der emotionalen Gesprächsebene jedoch bleibt nur das »Ich«:

- Ich bin absolut überzeugt.
- Ich bedaure sehr.
- Es tut mir außerordentlich leid.
- Es beschäftigt mich.
- Ich bin fasziniert.

Sie können doch nicht über die Gefühle anderer Menschen verfügen und zum Beispiel sagen: »Wir alle sind fasziniert!«

Wenn Sie in einer Rede, einem Vortrag oder einer Präsentation eigene Gefühle aussprechen, kommunizieren Sie auf zwei Ebenen. Sie kommunizieren nicht nur auf der rationalen Ebene allein, was sehr hart wirkt, Sie gehen auch noch auf der emotionalen Ebene vor. Sie entwickeln Ihre *soft power*. Damit können Sie sich sehr stark profilieren, denn das macht fast niemand. Hier haben Sie eine Chance, andere Menschen emotional anzusprechen und sie damit viel stärker zu überzeugen.

Eigentlich ist es ganz natürlich, eigene Gefühle auszusprechen. Ich gehe davon aus, dass Sie diese Gefühle jeweils auch wirklich haben. Wenn Sie über etwas Unangenehmes reden müssen, haben Sie doch schlechte Gefühle, oder nicht?

Wenn Sie es ernst meinen, ist das doch sicher so. Also spürt man Ihnen diese schlechten Gefühle an, weil Sie diese ausstrahlen. Außerdem zeigen Sie diese mit Ihrer Körpersprache. Dann ist es doch ganz natürlich, dass Sie solche Gefühle auch noch aussprechen! Dasselbe gilt für gute Gefühle. Wenn Sie sich gut fühlen bei etwas, können Sie doch auch sagen: »Da habe ich ein gutes Gefühl!«

Gute Redner sprechen laufend ihre Gefühle aus. Es ist allerdings am Anfang etwas schwierig, sich das anzugewöhnen, weil solche Gefühlsausdrücke nicht mehr im aktiven Wortschatz enthalten sind. Man muss sie wieder neu aufnehmen. Dazu müssen Sie sich diese Wörter auf Ihr Manuskript an den geeigneten Stellen aufnotieren.

Gehen Sie nach der folgenden Checkliste Ihr Manuskript noch einmal durch, und überlegen Sie sich, zu welcher Aussage Sie jeweils noch ein persönliches Gefühl ausdrücken können.

Checkliste – Gefühlsausdrücke

- Ich nehme diese Situation sehr ernst.
- Diese Probleme machen auch mir zu schaffen.
- Ich bin, genauso wie Sie, sehr besorgt...
- Ich bin zuversichtlich, dass wir auf dem richtigen Weg sind.
- Es liegt mir viel daran...
- Ich habe ein gutes Gefühl, dass...
- Ganz wichtig finde ich, dass...
- Mein Herz schlägt für...
- Ich bin stolz auf...
- Ich vertraue auf...
- Ich baue auf...

- Das ärgert mich!
- Das gibt mir zu denken.
- Das beschäftigt mich.
- Das belastet mich.
- Ich habe ein schlechtes Gefühl.
- Ich bin überwältigt.
- Ich bin gerührt.
- Ich bin traurig.
- Ich bin erschüttert.
- Ich mache mir große Sorgen.
- Das tut mir weh.
- Das beunruhigt mich.
- Ich fühle mich persönlich betroffen.
- Ich bin im Zweifel.
- Es verunsichert mich, dass …
- Ich bin entsetzt.
- Es beängstigt mich.
- Ich freue mich sehr.
- Es freut mich außerordentlich.
- Ich bin vollkommen davon überzeugt, dass …

Die Ausdrücke »Ich freue mich«, »Es freut mich« und »Ich bin überzeugt« hört man relativ oft, und sie sind dementsprechend abgenützt, deshalb habe ich sie etwas verändert.

Die Zusammenfassung

Kurz vor dem Schluss einer Rede bietet sich eine Zusammenfasssung an. Machen Sie eine lange Kunstpause
und sagen Sie mit starker Betonung:

- Ich fasse zusammen ...
- Lassen Sie mich zusammenfasssen ...

Alle frohlocken, wenn sie das hören: »Jetzt kann es
nicht mehr lange dauern!« Es darf dann aber auch
nicht mehr lange dauern! Im Ernst, so eine Zusammenfassung ist eine ganz gute Sache. Warum? Folgendes
spricht dafür:

- Die Zuhörer konzentrieren sich noch einmal, weil
  sie wissen, dass der Vortrag bald zu Ende sein wird.
- Sie können die wichtigsten Thesen und Argumente
  noch einmal wiederholen.
- Damit verstärken Sie die Wirkung Ihrer Rede beträchtlich.
- Die Zusammenfassung ist der zweitletzte Höhepunkt Ihrer Rede und bildet die ideale Einleitung
  in den letzten Höhepunkt, den Schlusssatz.

Nach der Zusammenfassung leiten Sie den Schlusssatz wie folgt ein:

- Aus diesen Gründen fordere ich Sie auf…
- Deshalb appelliere ich an Sie…

Hier ein Beispiel einer Zusammenfassung mit dem Schlusssatz:

1. Lassen Sie mich zusammenfassen:
2. Wir sind dazu gezwungen, in das neue Fabrikgebäude umzuziehen.
3. Davon hängt unsere Existenz als Produktionsstandort ab, denn nur so können wir kostengünstig produzieren.
4. Die Konsequenzen dieser Umstellung sind für einige Mitarbeiter zwar unangenehm, aber nicht gravierend.
5. Aus diesen Gründen fordere ich Sie auf, Ihre ganze Kraft für einen möglichst reibungslosen Umzug einzusetzen, damit wir möglichst rasch wieder voll produzieren können. Ich zähle auf Sie!
6. Dankeschön.

Vergessen Sie den Schlusssatz nicht! Wenn Sie eine Zusammenfassung machen, sollten Sie unbedingt einen

Schlusssatz anbringen. Selbstverständlich geht es auch ohne. Aber dann würde ich beides zusammen weglassen.

> Zusammenfassung und Schlusssatz gehören zusammen.

Es gibt Fälle von Überzeugungsreden, wo ich weder eine Zusammenfassung noch einen Schlusssatz anbringen würde. Wenn eine Rede keinen Appellcharakter hat, kann man auf beides verzichten. Sie können eine Rede auch mit einem passenden Zitat oder einer persönlichen Aussage abschließen. Das überlasse ich ganz Ihrem Geschmack. Wichtig ist, dass die Zuhörer erkennen, wann die Rede zu Ende ist.

Das Streamlining

Viele Redner und Rednerinnen überziehen ihre Redezeit oder haben zumindest die Tendenz dazu. Nur wenige hören vor dem angesagten Ende ihrer Redezeit auf. Dabei ist es für die Zuhörer eher angenehm, wenn sich ein Redner kürzer hält als vorgesehen.

Die beste Möglichkeit, dafür zu sorgen, seine Redezeit kurz zu halten und ein Überziehen zu vermeiden, ist ein nochmaliges Durchgehen des Manuskriptes nach dessen Fertigstellung, nur mit der Absicht, alles wieder ein wenig zu komprimieren. Ich nenne diesen Prozess *Streamlining.* Sehen Sie Ihr Manuskript noch einmal kritisch durch, und überlegen Sie sich, wo Sie kürzen können. Das ist eine andere Form von Selbstdisziplin, die Ihnen übrigens zusätzlich hilft, die Materie Ihres Vortrages zu verinnerlichen.

Das Streamlining hat übrigens noch einen weiteren Effekt: Sie ordnen damit Ihre Rede. Beim nochmaligen Durchgehen unter dem Aspekt »Was schmeiß ich wieder raus?« fällt Ihnen sofort auf, welche Aussagen nicht *in line* sind. Mit dem Streamlining stellen Sie eventuelle Unzulänglichkeiten betreffend der Abfolge Ihrer Äußerungen und der Struktur Ihres Vortrages fest und können die Rede an den entsprechenden Teilen noch verbessern. Sie können das Streamlining auch mehrmals durchführen. Es schadet nicht, ein paar Tage zu warten, bevor Sie es zum zweiten oder dritten Mal machen. Sie entdecken so eher weitere Fehler. Gleichzeitig wird Ihnen der Inhalt und der Ablauf immer mehr präsent, und das wirkt sich sehr vorteilhaft auf Ihre Vortragsweise aus.

Vermeiden Sie folgende Tabus

Obwohl die Vortragsweise und die Inhalte immer sehr von der Persönlichkeit des Redners, der Rednerin und von den Umständen abhängen, gibt es einige Tabus, die man unbedingt vermeiden sollte. Dies gilt für alle Vortragenden.

Falsche Körperhaltung

Dauerndes Hin- und Hergehen, die eine Hand in die Tasche stecken zu Beginn der Rede, einen Kugelschreiber in der Hand halten, das sind Untugenden, die einen Redner sehr unvorteilhaft wirken lassen.

Riskanter Humor

An sich ist Humor keinesfalls ein Tabu, sondern wäre sogar erwünscht. Aber Humor birgt immer gewisse Risiken, denn die Vorstellungen von Humor sind bei den einzelnen Zuhörern sehr unterschiedlich. Was der eine lustig findet, kommt beim anderen gar nicht gut an. Schlimmer noch: Es kann sogar beleidigend für jemanden sein. Sich über abwesende Personen lustig zu machen ist zum Beispiel ein Tabu. So etwas kommt immer schlecht an.

Sich über sich selbst lustig zu machen, wirkt hingegen äußerst humorvoll und ist sehr zu empfehlen. Es ist etwas vom Stärksten und Lustigsten, was es gibt, wenn Sie eine lustige Geschichte über sich selbst erzählen können, in der Sie sich blamiert haben. Witze sind riskant und deshalb gefährlich.

Allerdings gibt es auch da Ausnahmen. Ich vergesse nie die Rede eines Kollegen, einem Jesuitenpater, worin er einen Witz erzählte: »Da war einer, der stottert, und ein Freund sagte ihm, es gäbe da ein Spezialseminar, an dem er sich das abgewöhnen könne. Der Stotterer besuchte also dieses Seminar, und als er zurückkam, fragte ihn sein Freund, ob es ihm geholfen hätte. ›Fischers Fritz fischt frische Fische!‹, sagte der Stotterer fehlerfrei. Der Freund war sehr beeindruckt.

›Das ist aber toll‹, sagte er.

Daraufhin der Stotterer: ›Nur schschschade, dddass mman es so ssselten gebbbrauchen kkkkann.‹«

Die Zuhörer hatten daraufhin lauthals und lange gelacht. Aber was wäre gewesen, wenn im Publikum jemand gesessen hätte, der stottert?

Sie gehen immer ein Risiko ein, wenn Sie sich über jemanden lustig machen, der behindert ist. Sich über kranke Menschen lustig zu machen – auch das soll es geben – halte ich für absolut geschmacklos.

Sex

Alles, was mit Sex zu tun hat, ist in einer Rede verpönt. Nicht nur dann, wenn unter den Zuhörern fromme oder gar prüde Leute sitzen, sondern ganz generell. Sex ist ein ganz großes Tabu. Ich kannte einen Trainerkollegen, der einmal in einem öffentlichen Vortrag eine zweideutige Andeutung gemacht hatte, die in die sexuelle Richtung ging. Damit war seine Karriere beendet.

Religion

Wenn Religion das Thema ist, über das gesprochen wird, ist das eine Ausnahme. Aber sonst sind jegliche Andeutungen über irgendwelche Religionen tabu. Auch wenn ein Redner zum Beispiel ein frommer Mann und ein gläubiger Christ ist, sollte er es lassen, das auszusprechen oder gar noch Bibelsprüche zu zitieren. Er würde sich damit über die Zuhörer erheben und eventuelle atheistische Zuhörer in Verlegenheit bringen.

Rassismus

Dies ist ein besonders heikles Thema. Jegliche Andeutungen in diese Richtung sind nicht gut. Schon der Unterschied zwischen Mann und Frau kann rassistisch wirken. Ich habe nur ein einziges Mal in einer Rede gesagt: »Wenn diese Frau ihren Mann steht…« Obwohl das eigentlich korrekt ist und von vielen Autoren so verwendet wird, bekam ich sehr negative Rückmeldungen zu dieser Äußerung.

Minderheiten

Auch hier gilt: Wenn es nicht zum Thema gehört, sollten keine Minderheiten angesprochen oder zitiert werden. Einige Zuhörer könnten das in den falschen Hals bekommen. Ich erinnere mich an einen Redner, der den »Röstigraben« erwähnt hatte (so wird die Sprachgrenze zwischen der deutschen und französischen Schweiz bezeichnet). Es gab einige Französisch sprechende Zuhörer aus der Westschweiz, die ihm das übelgenommen hatten.

Negative Äußerungen

In einer Überzeugungsrede sollen eigentlich keinerlei negative Äußerungen vorkommen. Allerdings lässt
sich das nicht immer vermeiden. Wenn ein Redner etwas
Negatives äußern muss, dann darf er dabei niemanden
anschauen. Die Person könnte sich sonst persönlich betroffen fühlen.

Personen kritisieren

Ich würde in einer Überzeugungsrede niemals jemanden kritisieren, ob anwesend oder abwesend. Das ist
meiner Meinung nach auch gar nicht notwendig. Es
macht sich einfach schlecht, und man kann sicher seinen Standpunkt klarmachen, ohne das zu tun.

So können Sie frei reden

Ich gehe davon aus, dass Sie nach diesen Erläuterungen weniger eine perfekte Rede anstreben, sondern inzwischen etwas anders darüber denken. Sie nehmen sich an, so wie Sie sind, nämlich als einen ganz normal begabten Menschen, der keine perfekten Reden halten soll, sondern einfach einmal damit beginnt und dann schon sieht, was dabei herauskommt (es kommt meistens etwas Besseres heraus, als man annimmt!).

Ich gehe ebenfalls davon aus, dass Sie jetzt versuchen, sich auf eine Rede so vorzubereiten, wie ich es im zweiten Kapitel darstelle. Die Vorbereitung ist wichtig. Mit der Zeit und nach einer gewissen Erfahrung können Sie vielleicht für die Vorbereitung etwas weniger Zeit investieren. Immer aber ist es eine absolute Voraussetzung, dass Sie den Stoff beherrschen, über den Sie reden werden.

Investieren Sie alle Ihre Kraft in die Vorbereitung einer Rede. Sobald Sie Ihre Rede beginnen, »lassen Sie los«.

Somit sind die Voraussetzungen für das freie Reden geschaffen. Ich kann Ihnen fast garantieren, dass Sie es schaffen werden, völlig frei zu reden – selbstverständlich immer mit einem Stichwortmanuskript – und laufend Fortschritte machen werden. Es ist einfach Bedingung, dass Sie bei einer nächsten Gelegenheit damit anfangen.

Natürlich heißt es auch bei diesem Vorhaben: Aller Anfang ist schwer. Aber denken Sie immer daran: Das Risiko ist minimal. Da Sie aufgehört haben, ein perfekter Redner oder eine perfekte Rednerin sein zu wollen, kann es höchstens ab und zu mal eine kleine rhetorische Fehlleistung geben. Das ist das größte Risiko. Und wie Sie gelesen haben, macht das ja gar nichts aus.

Im Gegenteil: Es ist ein Zeichen für die Zuhörer, dass Sie Ihre Rede jetzt und hier ganz neu halten, es ist quasi die Premiere. Das schätzen die Zuhörer sehr. Sie fühlen sich integriert in Ihren Fabrikationsprozess, und der ist für sie sehr spannend. Es ist wie bei einem Theaterstück, man fühlt sich privilegiert, zur Premiere eingeladen zu sein. Das ist ein ganz anderes Gefühl, als später eine der zahlreichen folgenden Vorstellungen zu besuchen.

Sie können sich also auf keinen Fall blamieren. Alle Ängste, die man vor dem freien Reden vorher hat, stellen sich als unrealistisch heraus, sobald man damit beginnt.

Mit dem Lampenfieber fertig werden

Der Titel dieses Buches heißt: »Natürliche Rhetorik ohne Lampenfieber«. Wie passt der mit diesem Kapitel zusammen? Was ist nun? Hat man normalerweise Lampenfieber, oder ist es besser, keines zu haben? Ich unterscheide Lampenfieber *vor* einer Rede und Lampenfieber *während* einer Rede. Wenn Redner oder Rednerinnen mitten in einer Rede Lampenfieber bekommen, ist das fatal. Die Zuhörer spüren das auch sofort. Es entsteht totale Unsicherheit im Saal, der oder die Vortragende ist verzweifelt.

Eines verspreche ich Ihnen: Wenn Sie so arbeiten und so vortragen, wie ich es hier empfehle, werden Sie bestimmt niemals Lampenfeber *während* einer Rede haben! Denn sobald Sie die ersten Sätze gesagt haben, ist es weg und kommt nie mehr zurück. Vor einer Rede werden Sie jedoch Lampenfieber haben, vielleicht mehr als zuvor! Aber es geht ja dann weg. Lesen Sie weiter, dann werden Sie verstehen, wie das gemeint ist. Wenn ich hier über Lampenfieber schreibe, meine ich immer das Lampenfieber *vor* der Rede.

Lampenfieber gehört einfach dazu. Es wegzuwünschen, wäre völlig daneben. Es geht vielmehr darum, *wie Sie Ihr Lampenfieber überwinden können.* Denn das Lampenfieber an sich ist sogar erwünscht! Ich frage immer zu Beginn eines Seminars: »Wer hat jeweils Lampenfieber?« Wenn jemand seine Hand nicht erhebt, sage ich zu der Person: »Dann will ich sehen, was ich für Sie noch tun kann!«

Wenn Sie bisher wenig oder gar kein Lampenfieber hatten, bevor Sie eine PowerPoint-Präsentation vorgeführt haben, machen Sie sich nichts draus. Ich meine durchaus nicht, dass Sie deswegen disqualifiziert sind. Es lag wahrscheinlich daran, dass Sie bisher gewohnt waren, einfach Folien beim Zeigen zu kommentieren. Die Folien waren Ihre *Bullet Points,* Ihre Merkpunkte, und Sie sind einfach diesen gefolgt. Das ist ja wirklich keine Kunst.

Sie waren vielleicht etwas nervös, ob der Beamer auch wirklich funktionieren würde, denn was würden Sie machen, wenn der Computer oder der Beamer streikt? Ich habe Präsentationen erlebt, wo anfangs nichts funktionierte. Leute sind herumgerannt, haben Tasten gedrückt, Kabel ein- und wieder ausgesteckt und vieles mehr, bis endlich die Anlage funktionierte. Der Referent war sichtlich nervös, und die Zuhörer waren frustriert.

Was wäre, wenn es überhaupt nicht funktionieren würde? Das gab es auch schon. Der Referent war dann gezwungen, frei vorzutragen. Aber das ging dann eher nicht gut, weil er ja darauf überhaupt nicht vorbereitet war.

Es kam allerdings auch vor, dass es gut ging; dann nämlich, wenn alle Voraussetzungen – wie ich sie hier in diesem Buch aufgeführt habe – erfüllt waren. Der Referent oder die Referentin waren derart gut vorbereitet und beherrschten den ganzen Stoff dermaßen gut, dass sie ohne Weiteres frei vortragen konnten. Sie waren dann selbst ganz erstaunt, dass es so gut ging! Wenn Sie damit anfangen, frei zu reden, haben Sie vielleicht mehr Lampenfieber als zuvor. Das ist auch richtig so!

Lampenfieber ist notwendig, es spornt an.

Dipl.-Ing. Dr. Eduard Hobst
Spitzenberg 5
90403 Nürnberg

Vielleicht überrascht Sie das. Aber ich meine es wirklich ernst. Setzen wir uns ernsthaft mit dem Lampenfieber auseinander. Was ist es, und woher kommt es?

> **Lampenfieber gehört dazu. Die besten Redner, die Profis und Stars haben alle Lampenfieber.**

Lampenfieber ist eine besondere Art von Angst. Das ist nicht verwunderlich, denn in uns allen lauern alle möglichen Ängste, die jederzeit hervorbrechen und uns dominieren können. Ich denke da an Existenzangst, Versagensangst und sogar auch an Todesangst. Diese Ängste sind uns nicht bewusst. Aber sie sind da. Jeder Psychologe wird das bestätigen.

Die Auseinandersetzung mit diesen Ängsten ist sehr wichtig. Würde man sie langfristig verdrängen, wäre das gefährlich. Sie könnten eines Tages ganz plötzlich hervorbrechen und vielleicht sogar eine Depression verursachen. Wichtig ist, dass man sich ab und zu mit diesen Ängsten auseinandersetzt, und ganz gut wäre es, wenn man darüber mit anderen Menschen sprechen könnte. So halten sie sich in Grenzen und können keinen Schaden verursachen. Ängste sind ja bis zu einem gewissen

Grad auch eine Antriebskraft, ein Motor. Ängste dürfen allerdings nicht zu stark werden, sonst wirken sie lähmend.

Mit dem Lampenfieber ist das ähnlich. Berühmte Redner, Schauspieler, Musiker und Sänger berichten, dass sie alle vor einem Auftritt sehr starkes Lampenfieber hätten. Sobald sie aber ihren Auftritt beginnen, verschwindet es völlig. Ich erlebe das genau so. Für mich ist Lampenfieber sogar die Voraussetzung für einen überdurchschnittlichen Erfolg. Schon Tage vor einem wichtigen Auftritt verspüre ich manchmal ein leichtes Kribbeln, wenn ich an den Auftritt denke und mir vorstelle, wie ich auf der Bühne vor einer großen Anzahl Zuhörer stehe.

Am Tag vor dem Auftritt nimmt es zu, und ich bin leicht erregt und für andere Menschen nicht sehr angenehm. Das weiß meine Frau ganz genau, und sie lässt mich entsprechend in Ruhe. Am Tag des Auftrittes selbst nimmt es ständig zu, und ganz schlimm ist es kurz vor dem Auftritt. Da wollen manchmal Leute, die es gut mit mir meinen, mit mir plaudern.

Ich muss mich dann sehr zusammennehmen, um nicht unwirsch zu reagieren. Ich bitte freundlich, dass man mich in Ruhe lässt. Ich will die letzten zehn Minuten vor einem Auftritt meine Ruhe haben.

Ich setze mich ganz vorne hin, so dass mein Rücken dem Publikum zugedreht ist, und mache die Atemübung (Seite 43). Es entspannt mich ein wenig und reduziert das Lampenfieber auf ein noch tolerables Maß. Aber es ist immer noch sehr unangenehm.

Ich werde dann vom Veranstalter angekündigt, und da möchte ich am liebsten im Erdboden versinken. Jetzt fange ich meine Rede an, und das Lampenfieber ist schlagartig weg, völlig weg! Ich kann gar nicht beschreiben, wie wohl ich mich dann fühle.

Nach dem ersten Satz ist das Lampenfieber weg.

Je schlimmer vorher das Lampenfieber war, desto besser fühle ich mich jetzt, wo ich die ersten Sätze sage. Ich fühle mich großartig! Und das Lampenfieber kehrt nicht mehr zurück. Im Gegenteil, ich fühle mich besser und besser, bis ich mich in ein euphorisches Glücksgefühl hineinsteigere, das spätestens beim Applaus zu einem Höhepunkt kommt. Dieser Ablauf ist immer derselbe.

Ich wünsche Ihnen, dass Sie das in Zukunft auch so erleben. Lampenfieber gehört zu den Voraussetzungen für einen Erfolg, und zwar deshalb, weil der Vortragende dadurch einen Adrenalinschub bekommt. Dieses Hormon wird in die Blutbahn geschickt und befähigt zu Höchstleistungen.

Eine ähnliche Reaktion erfolgt bei Todesangst: Man kann schneller rennen und größere Sprünge machen als sonst. Es ist eine Konditionierung zur Flucht, die von der Natur her vorgesehen ist. Ohne diese Hormonausschüttung des Adrenalins können Sie nie so gut reden und so hellwach auf Empfang sein, wie es notwendig ist.

Ich erlebe manchmal in meinen Seminaren und Coachings, dass ein Klient einen »Unterbrecher« beim Vortragen hat. Er hält inne, weil er sich darauf konzentrieren muss, wie es weitergeht. Nach einer längeren Pause – für ihn ist das eine Verzweiflungspause, für die Zuhörer jedoch eine angenehme Pause – redet er weiter und ist anschließend besser denn je. So gut hat er vorher nicht geredet. Man spürt deutlich den erneuten Adrenalinstoß, den er erhalten hat. Anhand der Video-Aufzeichnung kann ich den Vorgang gut dokumentieren und nachweisen, was die Klienten jeweils immer sehr erstaunt.

Genauso reagieren sie, wenn sie beim Vortragen am Manuskript kleben und ich es ihnen mitten in der Rede einfach wegnehme. Sie sind dann erst mal verzweifelt, ich fordere sie dann auf, völlig frei einfach weiterzureden. Dann sind sie ausnahmslos besser als jemals zuvor.

Es ist auch jedes Mal erstaunlich, dass man dem Redner oder der Rednerin die anfängliche Verzweiflung überhaupt nicht anmerkt. Im Gegenteil, die Person scheint sogar eine vorher nie dagewesene Ruhe und Konzentration auszustrahlen. Sehr bald spüren sie deutlich, dass alles gut, ja sogar besser läuft als zuvor.

> Kurze Momente der Verzweiflung kommen in jeder Rede vor, meistens am Anfang. Davon bleibt niemand verschont.

Da müssen Sie einfach hindurch. Dieses Erlebnis werden Sie häufig haben, wenn Sie frei vortragen. Und immer wird es gleichermaßen positiv ablaufen. Ich stehe jetzt über 40 Jahre auf der Bühne und erlebe das jedes Mal genau so! Denn auch mir passiert es ab und zu, dass ich den Faden verliere.

Es kommt sogar vor, dass ich es selber gar nicht mehr schaffe, den Anschluss zu finden, besonders wenn ich ein starkes persönliches Erlebnis als Beispiel erzähle und mich in die Emotionen hineinsteigere, die damit verbunden waren.

Was mache ich jetzt? Anstatt zu verzweifeln, frage ich einfach einen der Zuhörer, der ganz vorne sitzt: »Wo war ich stehengeblieben?« Das funktioniert jedes Mal und ist überhaupt kein Nachteil. Im Gegenteil, die Zuhörer finden es lustig und amüsant.

Dieser Punkt ist vielleicht einer der wichtigsten für Sie. Es ist zu vergleichen mit Ihrem ersten Kopfsprung, den Sie als Schüler beim Baden gemacht haben. Oder der erste Fallschirmabsprung. Alles, was man zum ersten Mal unternimmt, ist meist derart ungewohnt, dass man es nicht ohne eine gewisse Überwindung schafft. Dabei sind die Risiken beim freien Reden überhaupt nicht vergleichbar. Eigentlich gibt es gar kein Risiko.

Auch wenn Sie eine (Ihrem Gefühl nach) unendlich lange Pause machen, bis Sie wieder weiterreden, wird das den Zuhörern niemals als Schwäche vorkommen.

Im Gegenteil! Das liegt daran, weil eine überlange Pause dramaturgisch sehr stark ist und die Spannung erhöht, wie Ihnen jeder Regisseur bestätigen wird. Eine scheinbare Schwäche verwandelt sich damit sogar in eine Stärke.

Eines dürfen Sie niemals tun: Die Rede abbrechen. Das wäre ein Schock für das ganze Leben, den Sie kaum jemals mehr überwinden könnten. Jemand, der das erlebt hat, wird nicht mehr selbst reden, er wird *reden lassen.*

Ich lasse deshalb an Seminaren und Coachings niemals jemanden seine Rede abbrechen, das wäre sehr gefährlich. Ich fordere die betreffende Person auf, einfach weiterzureden, und siehe da: *Es* redet von allein weiter!

Mein Rat:

Falls Sie mal steckenbleiben, schauen Sie in Ihr Manuskript, so lange Sie möchten! Blättern Sie notfalls im Manuskript so lange, bis Sie die Stelle gefunden haben, wo es weitergeht. Das steht Ihnen nämlich zu und wird von den Zuhörern sogar geschätzt. Die sagen sich: »Der hat sich gut vorbereitet!«

Was für Sie okay ist, ist auch für die Zuhörer okay!

So wie Sie denken und fühlen, so denken und fühlen auch die Zuhörer. Wenn Sie zum Beispiel denken:
»O verdammt, jetzt weiß ich nicht mehr weiter, so ein
Mist!«, denken die Zuhörer wahrscheinlich ähnlich.
Wenn Sie jedoch denken: »Jetzt werde ich sehr konzentriert nachschauen, wie es weitergeht!«, dann empfinden die Zuhörer das als positiv. Noch schlimmer wäre
es, wenn Sie so einen negativen Gedanken sogar noch
aussprechen würden, wie zum Beispiel: »O Schreck,
jetzt habe ich den Faden verloren!«

Das ist ein Gesetz:
Sprechen Sie niemals etwas Negatives aus, was immer
auch passiert! Machen Sie einfach weiter, als wäre nichts
gewesen.

Sie haben es als Redner oder als Rednerin immer selbst
in der Hand, die Zuhörer *denken und fühlen zu lassen,*
was und wie Sie es wollen. Das Wichtigste ist, dass
Sie sich selbst aus dem Mittelpunkt Ihres Denkens herausnehmen und die Zuhörer in das Zentrum all Ihrer Gedanken hineinstellen. Sie sind nicht wichtig.
Am wichtigsten sind die Zuhörer. Schon allein diese
Denkweise hilft Ihnen enorm, die Gunst der Zuhörer zu erwerben. Obwohl man keine Gedanken lesen

kann, wird man diese Einstellung spüren, und das erweckt Sympathie.

Vor dem Auftritt

Wenn Sie es schaffen, sich vor Ihrem Auftritt von allen anderen Arbeiten und Erledigungen freizumachen, ist das ein großer Vorteil. Sie können sich ganz auf Ihre Rede konzentrieren und gedanklich immer wieder ihren Ablauf durchgehen.

Wenn ich einen wichtigen Auftritt habe, erledige ich vorher keine anderen Arbeiten mehr. Auf der Reise zum Ort, wo ich auftrete, lese ich höchstens noch die Zeitung im Flugzeug oder in der Bahn. Ich erledige keine Telefonate mehr, die mich ablenken. Ich konzentriere mich nur noch auf meinen Auftritt. Ich versetze mich in die Lage der Zuhörer, stelle mir diese Zuhörer vor. Manchmal schließe ich dazu die Augen und stelle mir diese Zuhörer vor (natürlich nicht beim Autofahren …). Ich stelle mir einfach eine große Zahl von wohlwollenden und interessierten Zuhörern vor. Diese mentale Einstimmung hilft mir sehr. Ich erlebe sogar, dass es dann meist genau so ist, wie ich es mir vorgestellt habe: Die Zuhörer sind sehr aufmerksam und sogar auf meinen Vortrag gespannt. Ich habe den Eindruck, dass die Zuhörer irgendwie spüren, dass ich mich für sie interessiere und mich schon vorher mental mit ihnen befasst habe. Das gibt mir entsprechend einen enormen Vorsprung an Interesse und Goodwill.

Meist gehe ich auch den Themenablauf immer wieder durch, den ich anhand eines Stichwortmanuskriptes vorbereitet habe. So prägt sich mir der Ablauf ein, und ich entdecke meist noch kleine Dinge, die ich ändern, ergänzen oder weglassen will. Je öfter ich den Ablauf meiner Rede durchgehe, desto weniger passiert es mir dann beim Vortragen, dass ich Lücken habe, steckenbleibe und momentan nicht mehr weiterweiß. Ich habe sozusagen die Rennstrecke im Kopf. Das macht mich frei.

So kommen mir beim Vortragen eher blitzartig noch weitere Gedanken, die ich dann auch ausspreche. Diese sind oft Highlights, die sonst nicht vorkommen würden.

Ich bin überzeugt, dass dieses Vorgehen auch Ihnen hilft.

Reden Sie vorher mit einigen Zuhörern

Wenn immer es zu machen ist, sehe ich zu, dass ich eine Stunde vor Beginn bereits am Ort des Auftrittes sein kann. Wenn die ersten Zuhörer ankommen, begrüße ich einige davon und rede mit ihnen. Ich stelle Fragen an sie zu dem Thema, worüber ich anschließend reden werde. Es ist immer sehr wertvoll, was ich da noch alles erfahre. Ich kann im letzten Moment solche Äußerungen in meine Rede einbauen. Manchmal frage ich auch den betreffenden Zuhörer, ob ich ihn zitieren dürfe. Es gibt eine starke Wirkung, wenn ich mitten in meinem Vortrag plötzlich sagen kann: »Wie mir Herr Meier vor einer Stunde sagte…« Solche Bekräftigungen machen meinen Vortrag noch glaubwürdiger.

Wenn ich dann meinen Vortrag angefangen habe und einen der Zuhörer im Plenum erkenne, den ich vorher begrüßt hatte, hilft mir das enorm. Ich schaue ihn an beim Reden, und er signalisiert mir, dass er mich ja bereits kennt. Das gibt mir zusätzliche Kraft und eine positive Einstellung. Ich fühle mich gut und wie zu Hause.

So gehen Sie auf die Bühne

Vom ersten Moment an, wo Sie im Blickfeld der Zuhörer erscheinen, werden Sie von allen genau beobachtet. Jeder Quadratzentimeter Ihrer Erscheinung wird studiert. Man ist schließlich neugierig, wer die Person ist, die gleich reden wird. So fällt den Zuhörern bereits auf, wie Sie ans Rednerpult gehen. Ihr Gang soll nicht zu locker oder sogar tänzerisch sein, das würde sofort Ihre Wirkung als Redner und Ihre Glaubwürdigkeit beeinträchtigen, noch bevor Sie begonnen haben. Das Wort *glaubwürdig* enthält das Wort *Würde*.

> Mit gemessenen Schritten schreiten Sie würdig zum Pult.

Genau so müssen Sie ans Pult schreiten, wenn Sie von Anfang an einen guten Eindruck machen wollen: würdig und gemessenen Schrittes. Das braucht Konzentration und Übung. Auch wenn solch ein Gang sonst nicht Ihrer Art entspricht, empfehle ich Ihnen, es so zu machen. Vielleicht ist das die einzige Ausnahme gegenüber meinen sonstigen Empfehlungen. Ich vertrete den

Ansatz der absoluten Wahrung seiner Authentizität. Aber die Art, wie ein Redner ans Pult schreitet, drückt für die Zuhörer eine Art von Respekt aus, den er ihnen gegenüber zeigt. Geht er zu salopp ans Pult, könnten die Zuhörer das als mangelnden Respekt empfinden. Dieses Risiko sollten Sie nicht eingehen. In meinen Coachings empfehle ich, ans Rednerpult zu schreiten, als hätten die Probanden zehn Kilogramm Blei an jedem Fuß!

Jetzt stehen Sie am Rednerpult. Sie können ohne Weiteres Ihre Manuskriptpapiere ordnen, sich einrichten. Lassen Sie sich dazu Zeit. Es ist wichtig, dass alles bereit ist, wenn Sie beginnen. Sich vor Beginn am Rednerpult sorgsam einzurichten, erhöht die Spannung. Jetzt nehmen Sie Augenkontakt mit den Zuhörern auf.

Bevor Sie zu reden beginnen, stellen Sie sich auf beide Füße und stehen ruhig. Das bedeutet nicht, dass Sie sich während Ihrer Rede nicht bewegen dürften. Wenn Sie temperamentvoll sind und Lust auf Bewegung haben, wäre es eine Tortur für Sie, die ganze Zeit wie angenagelt stehen zu müssen. Die Zuhörer würden auch bald merken, dass Sie sich in Ihrer Haut nicht wohl fühlen. Wichtig ist jedoch, in welche Richtung Sie sich jeweils bewegen. Redner oder Rednerinnen, die sich dauernd nach links und rechts bewegen und von einem Bein auf das andere stehen, wirken unruhig, und die Zuhörer werden nach einiger Zeit beinahe seekrank, wenn sie das beobachten müssen. Um nicht in dieses unvorteilhafte Hin- und Herschaukeln zu kommen – von dem man schwer wieder loskommt –, denken Sie an die folgende Geschichte:

Ein berühmter Filmschauspieler – ich glaube, es war Clark Gable – wurde einmal am Fernsehen interviewt; der Interviewer sagte zu ihm: »Sie hatten ja von Anfang an einen großen Erfolg, schon in Ihrem ersten Film haben Sie alles richtig gemacht!«

Das stimme nicht, antwortete Clark Gable: »Beim ersten Film sagte mir der Regisseur: ›Du stehst falsch‹, worauf ich ihn fragte: ›Was soll ich denn tun?‹ Er gab mir den Rat: ›Wenn du dich konzentriert auf deine beiden Füße stellst und etwas die Zehen bewegst, bis du die Kraft der Erde spürst, die in dich hineinströmt, dann stehst du richtig!‹«

Stehen Sie stramm – auf beiden Füßen – zu Beginn.

Stellen Sie sich so hin, und nehmen Sie sich Zeit, bis Sie das Gefühl haben, fest verankert zu stehen. Dann fangen Sie an. Jetzt dürfen Sie sich gerne bewegen, aber zu den Zuhörern und dann hin und wieder zurück an Ihren Standort. Das stört überhaupt nicht, sondern verstärkt Ihre Wirkung noch. Die Zuhörer haben das Gefühl, Sie kommen ihnen dauernd entgegen.

Dadurch, dass Sie sich vorher so bewusst hinstellen wie beschrieben, kehren Sie automatisch immer wieder an den gleichen Standort zurück. Es wirkt wie eine Selbstprogrammierung. Sie kommen immer wieder auf Ihren *Stand-Punkt*. Wörtlich genommen: Sie vertreten *Ihren* Standpunkt. *Sie halten Ihren Thesen stand.* Punkt.

Stehen Sie aufrecht. Achten Sie aber darauf, dass Sie Ihren Kopf nicht zu hoch halten oder zurückwerfen, das könnte überheblich und arrogant wirken. Sie dürfen den Kopf ruhig manchmal etwas senken, wenn Sie einzelne Zuhörer anschauen. Das wirkt engagiert, ernst und eher bescheiden.

Aufrechtes Stehen verleiht Ihrer Rede mehr Achtung, Ernst und Gewicht. Sie selbst gewinnen an Würde und Glaubwürdigkeit.

Der Anfang

Bevor Sie beginnen, werden Sie sich sehr wahrscheinlich schlecht fühlen. Ihr Lampenfieber hat den Kulminationspunkt erreicht. Sie möchten am liebsten im Erdboden versinken. Da stehen Sie, ganz verloren und einsam, vor einer Gruppe von Menschen, die Sie erwartungsvoll anschaut. Kein gutes Gefühl ist das, ich gebe es zu...

Aber wenn Sie jetzt das tun, was ich Ihnen empfehle, wird es sofort besser. Redner, die das nicht wissen, schauen angstvoll in den Saal, um zu sehen, ob jemand jetzt schon ein gelangweiltes oder gar böses Gesicht schneidet und damit körpersprachlich signalisiert, dass er nicht gern hier ist. Das verschlimmert die eigene Befindlichkeit noch mehr, und man fühlt sich wirklich elend.

Suchen Sie sich unter den Zuhörern einen ersten »Freund«.

Machen Sie es so wie ich. Schauen Sie sich im Saal um, und suchen Sie eine Person, die Sie wohlwollend anschaut und sich offensichtlich freut, hier zu sein. Das ist jetzt schon mal Ihr erster »Freund« oder Ihre erste »Freundin«.

Verstehen Sie mich bitte richtig: Sie sollen jetzt im Plenum keine Person suchen, die Sie schon kennen oder mit der Sie vor dem Vortrag draußen im Foyer schon ein paar Worte gewechselt haben. Sie suchen einfach jemanden, der ganz offensichtlich signalisiert, dass er gerne hier ist. Solche Zuhörer gibt es immer. Jedenfalls habe ich bisher immer einen gefunden, auch wenn die Gesamtstimmung eingangs nicht sehr gut war. Und mit dieser Person fangen Sie an zu reden. Ja wie denn?

Während ich dies niederschreibe, merke ich, dass diese Empfehlung erklärungsbedürftig ist. Wenn Sie mit einer Person ein Einzelgespräch führen, dann reden Sie ja nicht immer selbst, sondern lassen auch Ihr Gegenüber zu Worte kommen.

Beim Vortragen ist das anders. Sie haben den Monolog-Kontext, das heißt: Sie reden, und die Zuhörer hören schweigend zu und sagen nichts (mindestens sollten sie nichts sagen …). Im Normalfall lässt man Sie reden, bis Sie zu Ende sind, ohne Sie zu unterbrechen. Das ist auch Ihr gutes Recht. Also ist es ein verbaler Monolog.

Aber nonverbal sollten Sie von Anfang an mit einzelnen Zuhörern in den Dialog gehen. Eigentlich reden Sie also immer nur mit einer Person, und zwar lange genug, bis diese reagiert. Sie sprechen mit dieser Person, schauen sie die ganze Zeit an, und die Person schaut Sie an. Augenkontakt besteht also die ganze Zeit.

Und nach einer gewissen Zeit gibt Ihnen diese Person körpersprachliches Feedback. Das heißt, sie redet auch mit Ihnen, allerdings ohne Worte. Sie nickt vielleicht etwas oder lächelt leicht. Irgendein Zeichen des Interesses oder sogar der Zustimmung gibt sie Ihnen zurück und »äußert« sich so zu dem, was Sie gerade gesagt haben. So ist eine Kommunikationsschleife entstanden, die Sie beide verbindet. Das muss einen Moment lang andauern.

Bleiben Sie mit Ihren Augen so lange bei einem Gesicht, bis dessen Augen leuchten.

Sie dürfen also nicht zu früh zu einer anderen Person wechseln, sondern der nonverbale Dialog muss sich etwas vertiefen, er muss sich festigen. Wie lange das jeweils mit einer einzelnen Person dauern soll, lässt sich schwer festlegen, auf jeden Fall mindestens drei bis fünf Sekunden oder vielleicht auch etwas länger.

Sie finden mit der Zeit heraus, wie lange diese Person es haben möchte, dass Sie sie anschauen und mit ihr nonverbal kommunizieren. Es gibt eine Grenze, wo diese Person dann genug hat. Das müssen Sie spüren, denn wenn Sie noch länger verweilen, fühlt sie sich von Ihnen zu stark beeinflusst oder vielleicht sogar bedrängt. Auf jeden Fall müssen Sie von dieser Person irgendeine Quittung einholen, eine Bestätigung, dass sie Ihnen zugehört und verstanden hat, was Sie gesagt haben. Erst dann ist die Schleife vollständig.

Dann schauen Sie sich im Saal um und suchen eine zweite Person, die auch bereits ein interessiertes oder sogar zustimmendes Gesicht macht. Und jetzt reden Sie mit dieser Person ebenso lange, bis Sie von dieser Person eine Quittung erhalten haben.

Sie können wieder zur ersten Person zurückgehen und dann wieder zurück zur zweiten. Die beiden Ihnen offensichtlich wohlgesinnten Menschen geben Ihnen laufend Bestätigungen und Quittungen zu Ihren Ausführungen. Das gibt Ihnen Kraft und Zuversicht.

Erweitern Sie Ihren »Freundeskreis« unter den Zuhörern – langsam, einer nach dem anderen –, bis alle Ihre
»Freunde« sind.

Nach und nach erweitern Sie Ihren »Freundeskreis« und
ziehen weitere Zuhörer in Ihren nonverbalen Dialog mit
ein.

Sie reden also vorerst nur *mit einigen wenigen Personen.* Schauen Sie zu, dass Sie Ihre Freunde etwas verteilt
im Saal suchen, sodass verschiedene *Sektoren* entstehen. Dies tun Sie deswegen, weil alle anderen Personen, die um Ihren »Freund« oder Ihre »Freundin« (also
Ihre momentane Bezugsperson) herumsitzen, langsam
auch gerne mit Ihnen kommunizieren möchten. Diese
Menschen möchten ebenfalls für einige Momente Ihre
Bezugsperson sein. Der Wunsch, mit dem Redner oder
der Rednerin Augenkontakt aufzunehmen und nonver-
bales Feedback zu geben, wächst so immer mehr. Außerdem entstehen um jede Bezugsperson herum Kreise
von weiteren Personen, die sich ebenfalls persönlich
angesprochen fühlen.

Je weiter Sie mit Ihren Augen nach hinten wandern,
desto größer werden diese Kreise. Jeder Zuhörer und

jede Zuhörerin möchte eigentlich gern in Kontakt mit Ihnen kommen. Dieser stetig wachsende Wunsch steigt immer mehr an, je mehr Bezugspersonen Sie haben. Letzten Endes möchten alle »mitmachen«, und das gibt eine ganz andere Stimmung – Aufmerksamkeit ist dazu ein ungenügender Ausdruck, es wird noch viel stärker, es ist eine Art Spannung, die immer mehr zunimmt.

Alle denken unbewusst: »Wann ist die Reihe an mir?« Sobald dann der Kontakt entsteht, fühlt sich die entsprechende Person sehr gut. Sie fühlt sich direkt angesprochen. Es geht aber noch viel weiter: Unbewusst nimmt diese Person an Ihrer Darbietung, an Ihrer »Performance« direkt teil. Sie hat das Gefühl, Sie zu inspirieren, Ihnen für Ihre Rede noch zusätzlichen Input zu geben. Die Stimmung, die so entsteht, ist unbeschreiblich und mit einer Atmosphäre des nur lauen Interesses oder gar der Langeweile überhaupt nicht zu vergleichen.

So arbeite ich.

Nach einer gewissen Zeit haben alle Zuhörer im Saal das Gefühl, dass ich abwechslungsweise mit jeder einzelnen Person persönlich spreche. So sammle ich laufend Quittungen ein, Bestätigungen für das, was ich eben gesagt hatte. Mit der Zeit wird aus diesen Quittungen Zustimmung. Es ist ganz merkwürdig, aber ich spüre, wie die Zuhörer immer mehr meiner Meinung sind und mir das signalisieren. Das gibt mir sehr viel Kraft. Gleichzeitig regt es mein Denkvermögen an. Ich kann viel besser vorausdenken, was ich als Nächstes sagen will.

Die Kraft der Zuhörer

Auf diese Weise vorzutragen braucht viel Kraft. Sie können das niemals allein schaffen. Ihre eigenen Kräfte reichen dafür nicht lange aus. Wenn Sie sich nicht an eine äußere Kraftquelle anschließen können, die Ihnen laufend Power spendet, brennen Sie nach wenigen Minuten aus.

Sie erlahmen geistig und körperlich und können niemals eine Stimmung und eine Atmosphäre der Begeisterung schaffen, die eine nachhaltige Wirkung erzielt. Woher können Sie die notwendige Kraft beziehen? Welches ist Ihre Kraftquelle?

Die einzigen Kraftquellen sind einzelne Zuhörer.

Was ich jetzt schildere, hört sich für Sie vielleicht merkwürdig an. Wenn Sie jedoch professionelle Redner, Schauspieler oder Sänger fragen, werden Ihnen diese bestätigen, dass der Vorgang genau so abläuft. Die Kraft, die Sie brauchen, um fulminante und begeisternde Reden halten zu können, schöpfen Sie einzig und allein aus dem Publikum, das vor Ihnen sitzt. Es sind die Zuhörer, die Ihnen Kräfte spenden (aber nur, wenn diese das wollen).

Ich will das anhand eines Beispiels erläutern. Ich hatte ein außerordentliches Erlebnis, das mir bestätigt hat, wie stark sich die Kräfte der Zuhörer auswirken können.

Ich hatte eine schwere Operation mit einem 18-tägigen Krankenhausaufenthalt hinter mir. Am selben Tag, als ich vom Spital nach Hause kam, rief mich der Präsident eines Berufsverbandes an und fragte, ob ich in fünf Tagen an der kommenden Generalversammlung dieses Verbandes teilnehmen und eine Rede halten könne. Er sagte, er habe bereits Patrick Frey, einen bekannten Schweizer Schauspieler und Entertainer, für eine Einlage verpflichtet. Die Generalversammlung fände in einer Woche statt.

Ich antwortete ihm daraufhin, ich sei viel zu schwach, komme eben aus dem Spital und könne nicht einmal richtig stehen und gehen.

Er erwiderte, ich müsse nur zwanzig Minuten reden, und offerierte mir ein äußerst attraktives Honorar, das weit über dem Betrag war, den ich normalerweise bekomme. Da konnte ich nicht widerstehen und sagte zu.

Meine Frau war entsetzt und meinte, mein Arzt würde das niemals zulassen. Ich blieb fest und bat sie, mich am angesetzten Tag zum Tagungsort zu fahren und dort am Arm zum Saal zu begleiten, denn ich war recht schwach. Den Veranstalter bat ich um einen Stuhl auf der Bühne, um sitzend vortragen zu können (etwas, was man eigentlich nie tun sollte, denn richtig reden kann man nur im Stehen!). Als ich dann an die Reihe kam, stülpte ich mein Headset über und setzte mich auf den Stuhl auf der Bühne. Der Verbandspräsident stellte mich vor und erwähnte, dass ich soeben aus dem Krankenhaus käme und sehr angeschlagen sei.

Als ich begann, sagte ich zu den rund 70 Zuhörern: »Sie denken jetzt alle, dass es mir schlechtgeht. Damit produzieren Sie negative Gefühle, die sich auf mich übertragen. Nun geht es mir noch schlechter. Ich mache jetzt mit Ihnen ein Experiment. Bitte schließen Sie Ihre Augen. Sprechen Sie mir jetzt in Gedanken die folgenden Worte nach: ›Ihnen geht es gut. Sie fühlen sich stark. Sie sind motiviert und begeistert. Sie sind ganz kräftig.‹ Sie können die Augen jetzt wieder öffnen.«

Jetzt fühlte ich mich effektiv plötzlich ganz anders. Alle Schwächen waren verschwunden. Ich fühlte mich völlig normal, gesund und stark. Ich stand mühelos auf und begann meine Rede, so wie ich das gewohnt war. Ich bewegte mich auf der Bühne, zu den Zuhörern und wieder zurück, mit einer absoluten Leichtigkeit. Meine Stimme war stark und kräftig wie immer, und ich spürte die Kraft ganz stark, die sich von den Zuhörern auf mich übertrug.

Ich konnte sehen, wie mich meine Frau, die in der vordersten Reihe saß, ganz erstaunt ansah. Ich redete begeistert ganze 30 anstatt nur 20 Minuten und hatte einen tosenden, nicht enden wollenden Applaus.

Es hört sich vielleicht unglaublich an, aber es ist ein wahrhaftiges Erlebnis, das mich sehr bewegt hat. Und ich habe auch eine Erklärung dafür: Gedanken rufen entsprechende Gefühle hervor. Die Gedanken, die diese 70 Zuhörer hervorgebracht hatten, nachdem sie mir nachsprechen mussten, produzierten in ihnen starke, positive Gefühle, die mich betrafen und sich auf mich übertrugen. Durch die Kraft dieser 70 Personen wurde ich frei von allen Schwächen und Beschwerden, fühlte mich gesund und stark, solange ich auf der Bühne stand. Die Kräfte wirkten noch eine ganze Weile nach. Als ich dann zu Hause ankam, überkam mich wieder

die vorherige Schwäche, ich war erschöpft und musste
mich hinlegen.

Je mehr Zuhörer Ihnen Kraft geben, desto stärker
fühlen Sie sich.

So stark hatte ich bisher noch nie erlebt, was ein begeis-
tertes, motiviertes Publikum für Kräfte aussendet. Ich
wusste schon immer, dass eine solche Gefühlsübertragung stattfindet, aber in diesem Maße hatte sie noch nie
für mich stattgefunden.

Es war mir schon immer klar, dass solche Kräfte die
geistige Potenz anregen. Dass sie aber auch physisch
derart starke Auswirkungen haben, konnte ich bisher
nicht glauben, obwohl mir einzelne Schauspieler versichert hatten, dass sie auch auf der Bühne stehen würden, wenn sie schwer krank seien, und dann keinerlei
Schmerzen oder Unbehagen verspürten.

Jetzt ist mir auch klar geworden, warum ich immer
wieder das Erlebnis brauche, ab und zu mal auf einer
Bühne zu stehen und mit meinen Reden mein Publikum zu begeistern. Es ist schon fast zu einer Sucht geworden; ich brauche ab und zu diesen *Kick*.

Auf die Frage, bis wann ich denn in meinem Alter noch arbeiten wolle, gebe ich immer die gleiche Antwort: »So lange ich noch atmen und reden kann!«

Meinem international sehr erfolgreichen Kollegen und Freund Erik von Barnekow habe ich kürzlich diese Frage auch gestellt. Ich wusste, dass er zu der Zeit 82 Jahre alt war. Mit der frischen Stimme eines 30-Jährigen antwortete er mir: »Ich denke, ich werde noch rund 15 Jahre so weitermachen.«

Seit diesem Anruf bin ich definitiv davon überzeugt, dass mich meine Arbeit körperlich und geistig jung erhalten wird.

> **Die Kraft der Zuhörer kann lebensverlängernd wirken.**

Nun müssen Sie nicht bis 97 Reden halten; je nach Mentalität kann das ja auch erschreckend sein. Aber wenn Sie damit anfangen, immer nur mit jeweils einzelnen Zuhörern zu kommunizieren, und zwar so lange, bis Sie eine Art Rückmeldung erhalten, wird Ihnen genau das Gleiche passieren. Immer dann, wenn Sie ein Zuhörer anlächelt, anstrahlt oder Ihnen sonstwie ein positives Feedback gibt, überträgt er Kräfte auf Sie. Sie werden im Laufe Ihrer Rede immer stärker.

Es ist, als würden Sie Ihre Batterie dauernd aufladen und sich Ihre Kräfte nie erschöpfen, sondern immer mehr verstärken, je länger Sie reden. Mit der Zeit werden Sie das – genau wie ich und viele andere – ab und zu brauchen und nicht mehr missen wollen.

Ein überdurchschnittlicher und länger andauernder Applaus ist dann die normale Folge. Sie werden den starken Applaus zwar genießen, aber ihn geradezu erwarten. Er ist dann eigentlich keine Überraschung mehr, sondern eine zwar wunderschöne, aber eigentlich ganz normale Bestätigung, dass Sie die rhetorische Spannung im Laufe Ihrer Rede stark erhöhen konnten. Das ist die Macht der Rhetorik.

Wenn Sie so arbeiten, werden Sie in Zukunft viel weniger Angst vor Ihren Vorträgen und Präsentationen haben, sondern viel Spaß und Freude. Lampenfieber werden Sie allerdings vorher immer haben – das ist der Preis, den man zahlen muss, um nachher auf der Bühne einen derart großen Erfolg und so viel Freude zu erleben.

Denken Sie voraus mit Augenkontakt

Unerfahrene Redner und Rednerinnen denken nicht voraus beim Reden. Sie haben bei der Vorbereitung vorausgedacht und ihre Rede niedergeschrieben. Beim Vortragen lesen sie diese Rede vom Manuskript ab. So kann eine Rede zwar inhaltlich brillant sein. Aber der Redner oder die Rednerin selbst kommt überhaupt nicht zur Geltung. Es könnte auch eine andere Person die Rede ablesen und einfach darauf hinweisen, dass sie von jemand anderem verfasst wurde. *Der Inhalt wirkt selten allein.* Wenn er das dann aber doch soll, muss er schon umwerfend spannend und von der Formulierung her meisterhaft sein.

> Der Inhalt allein wirkt selten genügend stark.

Bei Inhalten, die fast poetisch, brillant und ein Leckerbissen zum Zuhören sind, mag das vielleicht ausreichen. Ich hatte den Charakter einer Lesung erörtert, wenn ein Autor aus einem seiner Bücher vorliest. Aber sonst genügt auch ein noch so gut vorbereiteter und an sich überzeugender Inhalt bei Weitem nicht, um die Aufmerksamkeit der Zuhörer hinlänglich zu gewinnen. Sie können sich auch nicht mit Inhalten allein gegenüber Ihren Konkurrenten profilieren. Sie müssen immer davon ausgehen, dass diese auch gute Argumente vorbringen werden.

Wenn Sie meinen Empfehlungen folgen, arbeiten Sie ganz anders. Sie haben nur noch ein Stichwortmanuskript vor sich und sind gezwungen, frei zu formulieren. Ist das wirklich kein Nachteil? Nein, ganz sicher nicht.

Es ist sogar zu erwarten, dass Ihre Reden, die Sie jetzt frei vortragen, jedes Mal eine eigene Dynamik erhalten und vielleicht etwas gegenüber den Unterlagen und Handouts, die Sie verteilen, abweichen. Das spielt aber bei den meisten Anlässen keine Rolle, sondern wird sogar als ein Vorteil betrachtet, weil die Zuhörer so zu zusätzlichen Informationen kommen und der Unterhaltungswert bedeutend höher ist. Auch für Sie wird jede Darbietung interessanter, denn sie wird immer etwas anders sein, obwohl es immer der gleiche Basis-Vortrag ist. So kommen Sie nie in eine tödliche Routine.

Also sind Sie jetzt zum freien Vortragen gezwungen. Das bedingt, dass Sie immer vorausdenken müssen, was Sie gleich sagen werden. Dieses Vorausdenken hat Heinrich von Kleist »Die allmähliche Verfertigung der Gedanken beim Reden« genannt. Ich würde es anders bezeichnen und es eher so nennen: *die unbewusste Verfertigung der Gedanken beim Reden.*

Ich will versuchen, diesen Prozess genau zu erklären: Wenn Sie vorausdenken, was Sie jetzt dann gleich sagen werden, denken Sie an eine ganze Menge Dinge und Varianten. Denken kann man ja sehr schnell. Es ist wie bei einem Trichter. Oben ist er ganz weit. Da kreisen Ihre Gedanken herum und berühren Ihr ganzes Wissen, Ihre Erfahrung, Ihre Erlebnisse und Ihr ganzes Vorleben.

Vorausdenken kann man ungeheuer schnell.

Mit einer enorm hohen Geschwindigkeit gehen Sie Ihren ganzen Erfahrungsschatz durch. Menschen, die Nahtoderlebnisse hatten, schildern immer, wie ihr ganzes Leben sich in wenigen Sekunden wie ein Film abspielte. So ungefähr kann man sich dieses Vorausdenken vorstellen. Wenn Sie sich jedoch auf die Formulierung einzelner Sätze konzentrieren, läuft dieser Prozess gar nicht erst an. Sie bleiben bei einzelnen Sätzen und Wörtern stecken. Kein Wunder, dass Sie so am Manuskript kleben bleiben und dort alle Informationen abholen wollen.

Jetzt müssen Sie sich – mit anfänglich etwas Mut – an etwas ganz Neues heranwagen. Sie müssen nämlich entdecken, dass das Gesicht eines Zuhörers, das Sie anschaut, Ihre Gedankenkraft ganz massiv anregt und potenziert.

Blickkontakt potenziert Ihre Gedankenkraft.

Das heißt, dass Sie viel schneller vorausdenken können, während Sie jemanden anschauen. Es ist, wie wenn das Unbewusste dieses Zuhörers Zugriff auf Ihr eigenes Unbewusstes erhält und dort diese hohe »Denk-Geschwindigkeit« erzeugt, die ich eben geschildert habe.

Es geht sogar noch weiter. Ich meine, dass der Zuhörer Ihnen unbewusst noch einen zusätzlichen Input gibt. Er »macht Sie Dinge sagen«, die Sie sonst nicht sagen würden. Und zwar sagen Sie es so, wie er es gerne hören möchte. Sie sind »in der Schleife«. Sie sind eins mit diesem Zuhörer, und jetzt redet »es«.

Konzentrieren Sie sich auf einen Zuhörer, und lassen Sie »es« einfach reden. Es redet dann schon. Es redet ganz von allein.

Sie konzentrieren sich also nicht mehr darauf, was Sie sagen wollen, sondern Sie sind ganz bei diesem Zuhörer, der in Ihnen diese erhöhte Gedankenkraft erzeugt, und jetzt rufen Sie Dinge ab, die sonst gar nicht auftauchen würden. Sie können frei assoziieren wie sonst nie. Es kommen Ihnen sogar ganz neue Ideen, die Sie gar nicht erwartet hätten.

Ich selbst kann nie so gut denken, wie wenn ich auf der Bühne stehe. Es kommen Einfälle, die ich nie zuvor hatte.

Wenn ich zum Beispiel an einem Buch schreibe (so wie gerade jetzt), dann stelle ich mir immer vor: Ich stehe auf der Bühne und vor mir ist das Publikum. Und jetzt schreibt »es« ganz von selbst. Wenn ich tatsächlich auf der Bühne stehe, redet »es« ganz von selbst. Manchmal frage ich mich: Wer redet denn da? Und ich muss mir dann sagen: Das bin ja ich!

So soll es sein.

Wenn Ihnen das auch passiert und Sie das Gefühl haben: »Ich schaue diesen Zuhörer an und lasse es einfach reden. Es redet ganz von selbst«, dann sind Sie so weit. Wenn Sie sich dann auch ab und zu einmal fragen, wer denn da eigentlich redet, (ach, das bin ja ich!), sind Sie ein Profi geworden.

Sie haben dann allerdings ein anderes Problem:

> Hinterher wissen Sie nicht mehr genau, was Sie gesagt haben.

Aber vorausgesetzt, dass Sie den Inhalt beherrschen, dass Ihnen Ihr Thema, Ihr Stoff, unter der Haut sitzt, spielt es doch keine Rolle, ob Sie etwas so herum oder anders herum formuliert haben. Oder etwa nicht?

Ich hatte einen Rechtsanwalt an einem Video-Coaching. Er ist der oberste Chef der Rechtsabteilung eines Großunternehmens. Er hatte sich im Laufe des Coachings sehr gut zum freien Reden entwickelt und war ganz begeistert davon, dass er nun ganz aus dem Vollen schöpfen konnte und aufgrund seiner großen Erfahrung mühelos frei assoziieren und formulieren konnte.

Sein Lernfortschritt im Coaching war wirklich beeindruckend. Zum Schluss sagte er zu mir: »Jetzt weiß ich, dass es überhaupt keine Rolle spielt, was man sagt.«

Er meinte natürlich nicht die unumstößlichen Tatsachen, sondern die Art und Weise, wie man sie umschreibt und von sich gibt. Er meinte die innere Freiheit, etwas so vorzutragen, wie es aus einem herauskommt.

Das alles funktioniert nur, wenn Sie andauernd abwechslungsweise jemanden im Publikum anschauen, der es gut mit Ihnen meint. Schauen Sie jemanden an, der Sie böse ansieht oder Ihnen sogar negative Zeichen der Körpersprache zusendet, müssen Sie mit einer Denkblockade rechnen.

Denken Sie daran, dass Zweifel, Skepsis, Misstrauen oder gar Angst sehr starke negative Gefühle erzeugen, die sich auf Sie übertragen.

Zuhörer mit bösen Gesichtern blockieren Sie.

Negative Gefühle hemmen und blockieren Sie. Positive Gefühle treiben Sie an und motivieren Sie. So einfach ist das.

Wenn besonders kritische oder negativ eingestellte Personen im Saal sitzen, sollten Sie diese vorläufig einfach ignorieren. Sie können in der anschließenden Diskussion dann immer noch auf sie eingehen. Lassen Sie sich während Ihres Vortrages nie von negativen Zuhörern Ihre Kraft nehmen! Das wäre fatal. Man fühlt sich manchmal wie magnetisch angezogen von böse und skeptisch dreinschauenden Zuhörern. Das ist ganz gefährlich.

Ignorieren Sie diese Menschen, und halten Sie sich an Ihre »Freunde«. Sie haben eine gute Chance, dass sich diese Negativisten von der Begeisterung der anderen Zuhörer anstecken lassen und langsam auftauen.

Lassen Sie sich niemals unterbrechen.

Negativ eingestellte Zuhörer haben auch die Tendenz, die Redner oder Rednerinnen mit bösen Fragen oder Aussagen zu unterbrechen. Das ist eine ganz schlimme Untugend. Lassen Sie dies auf gar keinen Fall zu. Ignorieren Sie erst solche Fragen oder Aussagen, damit appellieren Sie an die gute Erziehung dieser Teilnehmer. Wenn das nicht hilft, sagen Sie: »Ich werde gerne in der anschließenden Diskussion auf Ihre interessante Frage eingehen.«

Wenn Sie vor dem Wort »interessant« eine Pause einlegen, verstärkt das die Wirkung und erzeugt oft das Gelächter der übrigen Zuhörer. Die betroffene Person wird sich hüten, Sie weiter zu unterbrechen.

Ich hatte bei einer Großveranstaltung erlebt, dass ein Zuhörer plötzlich mit lauter Stimme rief: »So einen verdammten Mist, den Sie hier erzählen, habe ich in meinem ganzen Leben noch nie gehört!«

Ich machte eine Pause, nahm daraufhin das separate Mikrofon in die Hand, ging zu diesem Zuhörer hin (er saß ziemlich weit hinten im Saal), hielt ihm das Mikrofon vor den Mund und sagte ganz sachlich, klar und deutlich zu ihm: »Wären Sie so gut und würden Sie Ihre Frage noch einmal wiederholen?«

Er war ganz perplex und sagte kein Wort. Ich setzte meinen Vortrag fort, als wäre nichts geschehen. Somit hatte er sich nicht nur unvorteilhaft exponiert, sondern sogar noch blamiert. Hinterher erfuhr ich, dass er ein notorischer Stänkerer war und dass man auf diesen Vorfall hin endgültig beschlossen hatte, ihn nicht mehr einzuladen.

Seien Sie beim Reden immer auf Empfang

Sie haben es gemerkt: Wenn Sie nur reden und sich ausschließlich darauf konzentrieren, was Sie sagen werden, schränken Sie sich ein. Und zwar beschränkt sich alles auf einen ganz kleinen Kreis von einzelnen Punkten, über die Sie gerade reden. Sie drehen sich quasi dauernd in Ihrem (kleinen) Kreis.

Damit riskieren Sie, langweilig zu wirken und sich in Details zu verlieren, die niemanden interessieren. Ebenso riskieren Sie, sich *ins Off zu reden,* das heißt, Sie reden an den Zuhörern vorbei. Zudem haben die Zuhörer das Gefühl, dass Sie etwas lange vorher Vorbereitetes wiedergeben, das Sie immer wieder genau gleich vortragen. Die Zuhörer fühlen sich so nie direkt oder persönlich angesprochen. Es kommt für diese von weit weg, von vorher, nicht von »gerade hier und jetzt«. Es betrifft immer nur die anderen, nur nicht sie selbst.

Wenn Sie mit einzelnen Zuhörern »in der Schleife« sind und dauernd auf Empfang bleiben, kann Ihnen das niemals passieren.

Bleiben Sie »in der Schleife« mit den Zuhörern.

Sie sind in Verbindung mit dem Publikum. Die Gedanken und Gefühle des Publikums dringen in Sie ein.
Allmählich sagen Sie ihm genau das, was es von Ihnen
wirklich hören will: nicht einfach Zahlen und Fakten,
sondern die Art und Weise, wie Sie vortragen, den Ton-
fall, die Lautstärke, die Stimmung und Atmosphäre, die
emotionalen Erwartungen, die gefühlsbetonten Äußerungen und so weiter.

Das Publikum ist jedes Mal anders. Bei jedem neuen
Auftritt erwartet Sie mit Sicherheit ein ganz anders ge-
stimmtes Publikum als beim letzten Mal. Sie können
also nie sicher sein, wie die Zuhörer eingestellt sind.

Wenn Sie einfach loslegen, riskieren Sie, an ihnen vor-
beizureden, nicht rational, sondern emotional. Sie riskieren, nie eine totale Aufmerksamkeit zu erzeugen. Die
Leute hören dann nur halb hin, sie fühlen sich nicht ab-
geholt, nicht richtig wahrgenommen, nicht voll akzeptiert, nicht verstanden. So läuft es meist bei klassischen
Vorträgen und Präsentationen. Wenn jemand da vorne
steht und Folie nach Folie zeigt und einfach diese Folien
kommentiert, fühlt sich niemand direkt angesprochen.

Ihre natürliche Gestik

Hände sind Sprechwerkzeuge. Hände wollen reden, bei allen Menschen. Allerdings ist das Bedürfnis, wie stark die Hände reden wollen, bei den verschiedenen Menschen sehr unterschiedlich. Ein temperamentvoller Mensch hat natürlicherweise auch eine temperamentvolle Gestik. Ein ruhiger Mensch wird seine Hände und Arme nicht stark bewegen, er macht ruhige Bewegungen.

Wenn Sie Ihre Hände fixieren, indem Sie diese vorne oder hinten zusammenschließen oder Ihre Arme verschränken, wollen die Hände zwar reden, können aber nicht. Dann beginnt Ihr Körper, Drehbewegungen auszuführen. Das sieht nicht gut aus. Es ist also besser, Ihre Hände reden zu lassen. Manche Redner stecken ihre linke Hand in die Hosentasche und halten in der rechten Hand den Laserpointer. So kann keine Gestik entstehen.

Die Gestik ist der verlängerte Arm der Persönlichkeit.

Denken Sie nicht an Ihre Hände. Lassen Sie ihnen einfach freien Lauf. Dann werden Ihre Hände automatisch zu reden beginnen. Lassen Sie die Hände frei hängen, sie beginnen dann sich ganz unten zu bewegen. Gestik unter der Gürtellinie bleibt noch unwirksam. Langsam werden Ihre Hände jedoch mehr und mehr nach oben kommen, und es entwickelt sich eine natürliche Gestik, die zu Ihnen passt. Hände und Arme unterstreichen und betonen Ihre Aussagen entsprechend der Einstellung, die Sie zu Ihren Aussagen haben. Es ergibt sich eine starke, natürliche Gesamtwirkung aus dem gesprochenen Wort und Ihrer Körpersprache.

Der natürliche Gestus kommt vor dem Wort.

Wenn jemand zum Beispiel sagt: »Ein *Einziger* hat es geschafft!« und dann den Zeigefinger aufhebt, ist das gewollt und wirkt unnatürlich. Geht der Finger zuerst in die Höhe, bevor der Satz ausgesprochen wird, wirkt das absolut natürlich. Intuitiv und automatisch wird der Zeigefinger aktiviert, bevor die Worte ausgesprochen werden. So funktioniert das, wenn man nicht an seine Hände denkt. Sie agieren dann immer ganz von allein.

Männer können während einer Rede ohne Weiteres ab und zu eine Hand oder sogar beide Hände in die Taschen stecken, aber nicht zu lang! Auf keinen Fall soll sich ein Redner mit der Hand in der Tasche hinstellen, bevor er seine Rede beginnt, das wirkt salopp und bedeutet mangelnde Wertschätzung gegenüber den Zuhörern.

Einen Bleistift oder einen Kugelschreiber beim Reden in der Hand zu halten wirkt belehrend, dozierend und rechthaberisch. Das ist eine Untugend, die ich manchmal bei neuen Klienten in meinen Video-Coachings und Teilnehmern an meinen Seminaren bei Redeübungen feststelle. Ich nehme ihnen jeweils das Ding aus der Hand. Die Hände müssen frei sein, damit sich eine natürliche und eindrückliche Gestik entwickeln kann.

Wie Sie mit Störungen umgehen

Um es gleich vorwegzunehmen: Störungen während einer Rede sind immer sehr unangenehm, für den Redner und für das Publikum gleichermaßen. Dennoch kommen sie immer wieder vor, manchmal beabsichtigt und häufig auch unbeabsichtigt.

Da geht die Türe auf, jemand kommt herein und fängt an, in einem Schrank etwas zu suchen. Alle Zuhörer beobachten diese Person gebannt und verfolgen ihre Suchaktion. Keiner hört mehr zu. Es ist viel spannender und interessanter zu beobachten, was diese Person im Schilde führt. So ist es in der Praxis – eigentlich unglaublich, aber leider zutreffend.

Daraus ergibt sich eine einzige, logische Schlussfolgerung für Sie: Hören Sie sofort auf zu reden! Es hört Ihnen ohnehin niemand mehr zu! Unterbrechen Sie Ihren Vortrag, bis diese Person wieder gegangen ist. Es ist zu erwarten, dass diese Unterbrechung hilft, die Zeit der Störung wesentlich zu verkürzen.

Machen Sie keinerlei Bemerkungen. Sobald Sie etwas sagen, konzentriert man sich auf die Störung und nicht mehr auf Sie. Zudem fällt die rhetorische Steigerung, die Sie bisher aufgebaut haben, in sich zusammen, und Sie müssen nach der Störung wieder bei null beginnen. Wenn Sie nichts sagen, ist das nicht der Fall, oder sicher nicht so extrem. Diese Regel können Sie bei den meisten Störungen anwenden wie zum Beispiel:

- bei Zwischenrufen,
- bei lautem Reden im Nebenraum,
- bei Geräuschen im Gebäude,
- bei Baulärm und so weiter.

Wenn Zuhörer miteinander flüstern oder während Ihres Vortrags sogar laut reden, ist das meist ein Zeichen nachlassender Aufmerksamkeit. Für Sie kann das ein Alarmsignal sein: »Halt! Jetzt muss ich mich steigern, sonst schlafen die Leute ein.«

Es passiert allerdings auch immer wieder, dass einzelne Zuhörer die ganze Zeit mit ihrem Nachbarn flüsternd plaudern. Das empfinde ich als äußerst unangenehm. Ich nehme es auch ganz persönlich. So ein Zuhörer signalisiert mir, dass er eigentlich lieber gar nicht gekommen wäre. Vielleicht wurde er gezwungen. Das ist schlecht.

Bei firmeninternen Seminaren passiert mir das ab und zu. Ich frage die betreffende Person dann in der Pause, ob sie sich an diesem Seminar nicht wohl fühlen würde. Meistens hilft das. In Extremfällen habe ich so eine Person auch schon weggeschickt. Das ist allerdings in meiner Praxis von über 40 Jahren erst dreimal vorgekommen. Es ist in jedem Fall nur die zweitbeste Maßnahme. Die Stimmung kann nie wieder hochkommen, wenn man jemand wegschickt. Die beste Maßnahme ist, diese Person so weit zu bringen, dass sie aufmerksam zuhört. Manchmal gehe ich in einem Vortrag auf so einen Zuhörer zu und frage ihn laut und deutlich: »Dürfen wir auch hören, was Sie jetzt gerade gesagt haben? Es ist doch sicherlich sehr interessant.«

Der stört sicher nicht mehr.

Wenn jemand einschläft, versuche ich zuerst, die Lautstärke extrem zu modulieren, von ganz leise bis zum lauten Brüllen. Dann mache ich mitten im Satz unerwartete Sprechpausen und schaue die Person an. Wenn das alles nicht hilft, gehe ich während des Redens ganz nahe zu ihr hin und rede weiter. Diese Person schläft nicht mehr ein. Fall sie das doch tut, muss ich entweder resignieren oder kann in der Pause mit ihr reden, falls mein Vortrag mehrere Teile hat.

Stellt jemand eine Frage, sage ich: »Ich antworte Ihnen gern in der anschließenden Diskussion« oder »Das beantwortet sich im weiteren Verlauf meines Vortrages von selbst«.

Auf keinen Fall gebe ich eine Antwort, denn erstens würde das die aufgebaute rhetorische Spannung zerstören und zweitens andere Zuhörer dazu ermuntern, ebenfalls Fragen zu stellen. Dann haben Sie bald eine Diskussion anstelle eines Vortrages.

Ich gehe davon aus, dass vorher angekündigt wurde, dass Sie nach Ihrem Vortrag selbstverständlich für alle Fragen noch zur Verfügung stehen und man bitte die Fragen an den Schluss stellen wolle. Damit sollte alles klar sein. Wenn trotzdem während des Vortrags Fragen kommen, empfinde ich das als eine Unhöflichkeit.

Trotzdem versuche ich, eine positive Haltung zu bewahren, und sage in etwa: »Ihre Frage zeigt mir Ihr großes Interesse, und das freut mich, aber ich antworte lieber später in der Diskussion.«

So appelliere ich an die Höflichkeit und an die gute Erziehung der Zuhörer und kann trotzdem eine gute Stimmung aufrechterhalten.

Böse Zwischenrufe und lautes Pfeifen oder noch schlimmere Angriffe, wie zum Beispiel mit Eiern oder Tomaten beworfen zu werden, erlebe ich Gott sei Dank nie. Das ist Politikern vorbehalten.

Diese müssen an Versammlungen auftreten, wo das gesamte Publikum gegen sie eingestellt ist. Oder ein Wirtschaftsführer erlebt vielleicht so etwas bei einem Streik, bei Firmenschließung oder bei Entlassungen, wenn er vor der versammelten Arbeiterschaft spricht. In solchen Fällen ist guter Rat teuer. Vielleicht kann Schlagfertigkeit helfen. Franz Josef Strauß sagte einmal, als er lauthals unterbrochen wurde: »Bei uns in Bayern machen wir die Politik mit dem Kopf, nicht mit dem Kehlkopf.«

Ich bewundere Politiker und andere Redner und leide mit ihnen, wenn sie sich mit der Verletzung aller Anstandsregeln konfrontiert sehen und trotzdem verzweifelt versuchen, ihre Rede fortzusetzen, oder schließlich abtreten müssen.

Entscheidend ist für mich, ob ich eine positive Einstellung behalten kann, wenn ich unerwartet von einem Zuhörer oder einer Zuhörerin unterbrochen werde und vielleicht eine abschätzige Bemerkung entgegennehmen muss. Da sagte mir bei einem Seminar, welches ich für die gesamte Belegschaft einer Reinigungsfirma durchgeführt hatte, eine junge Teilnehmerin, deren Arme von oben bis unten tätowiert waren: »Was S' da g'sagt haben, s'doch 'n fertiger Blödsinn!«

Ich erschrak, fasste mich jedoch und fragte sie: »Was ist genau Ihre Frage?«

Sie antwortete mit einer zweiten Unverschämtheit.

Ich sagte: »Ich muss darüber nachdenken, was Sie da sagen, ich nehme das sehr ernst«, und setzte meinen Vortrag fort. Sie unterbrach mich im Laufe des Seminars noch mehrmals. Ich wendete weiter immer die gleiche Taktik an und versuchte, Haltung zu bewahren. Mir fiel auf, dass ihre Interventionen immer weniger aggressiv wurden. Nach Beendigung des Seminars stand ich am Ausgang mit dem Chef zusammen in einem Gespräch. Da kam die junge Frau auf mich zu, schüttelte mir die Hand und sagte: »S' war dann gut.«

Der Chef drückte mir daraufhin seine Bewunderung aus und sagte: »Wie haben Sie das nur fertiggebracht? Das ist die Problemfrau Nummer eins in unserem Unternehmen, und wir denken daran, sie zu entlassen.«

So ein Erfolg zählt doppelt. Ich fuhr nach diesem Seminar mit einem besonders guten Gefühl nach Hause. Jemanden zu begeistern, der bereits Mitglied meines Fanclubs ist, macht keine große Mühe. Aber so jemanden zu gewinnen, war für mich doppelt beglückend.

Wenn ich bei Coachings Klienten für Streitgespräche oder Podiumsdiskussionen vorbereite, rate ich ihnen jeweils, Unterbrechungen wie folgt zu unterscheiden und entsprechend zu reagieren:

- *Man verdreht die Worte* – Ich antworte: »Ich habe das so nicht gesagt.«
- *Man verfehlt die Sache* – Ich antworte: »Das hat mit der Sache nichts zu tun.«
- *Man verletzt die Würde* – Ich sage: »In diesem Ton wollen wir nicht miteinander reden.«

Wenn alle Stricke reißen und einem nichts einfällt, kann man ohne Weiteres sagen: »Darauf kann ich nicht antworten, dazu fehlen mir die Worte.«

Damit appellieren Sie an das Verständnis und die Hilfsbereitschaft der anderen Zuhörer. So eine Äußerung wird selten als Schwäche empfunden, sondern eher als ein Identifikationsangebot. Jeder denkt: »So würde ich auch reagieren, wenn ich könnte.«

Es ist jedenfalls viel besser zuzugeben, dass man jetzt gerade keine Antwort weiß, als eine zu konstruieren, was im Nachhinein gefährlich sein könnte.

Vergessen Sie PowerPoint

Wenn jemand da vorne steht und Folie nach Folie zeigt und einfach diese Folien kommentiert, fühlt sich keiner der Zuhörenden persönlich angesprochen. So läuft es im Allgemeinen bei klassischen Präsentationen. Beim Zeigen von PowerPoint-Folien mit einem Beamer steht der Vortragende im Halbdunkel neben der Leinwand, den Laserpointer in der einen Hand, die andere möglichst tief in der Hosentasche vergraben.

Auf der Leinwand erscheint – wie von Geisterhand gesteuert – ein Halbsatz nach dem anderen. Ergänzt werden sie von Zahlen, Grafiken und Bildern. So steht geschrieben, was gesagt wird, und alles, was gesagt wird, steht auch geschrieben. Der Sprecher lockert die Informationsflut höchstens hier und da durch einen kurzen Kommentar, durch einen spontanen Einwurf auf. Doch er redet quasi zu sich selber, ein *Speaker im*

Off, der sich eigentlich mit sich selber befasst und gar nicht darauf achtet, ob ihm jemand zuhört. Er begeistert sich selbst. Er betreibt *l'art pour l'art.*

So kann man die Zuhörerschaft nicht überzeugen und begeistern. Man kann sie zwar mit Informationen eindecken und es wirkt technisch professionell und optisch eindrücklich, Zeit zum Aufnehmen, zur kritischen Reflexion bleibt allerdings selten. Doch das ist in vielen Fällen auch gar nicht erwünscht. Darf also erwartet werden, dass die Zuhörer eine andere Meinung, eine andere Einstellung zu etwas haben, wenn sie nach Hause gehen, nachdem sie stundenlang von einer Präsentation nach der anderen auf diese Weise berieselt wurden?

> PowerPoint eignet sich hervorragend für Wissensvermittlung bei Lektionen und Präsentationen.

Präsentationen sind jedoch keine Reden (schon gar keine Überzeugungsreden), weil sie die Kriterien für eine Rede nicht erfüllen. Präsentationen sind leider oft langweilig, auch wenn sie gut aufgebaut und die Folien grafisch perfekt, meist farbig und einleuchtend gestaltet sind. Denn die Überzeugungskraft des Redners wird durch die gebotene Informationsflut unterdrückt. Sie kommt im Gesamtauftritt zu wenig zur Geltung oder wird von der Flut der Eindrücke quasi über Bord gespült.

Die Praxis zeigt, dass die Zuhörer und Zuhörerinnen eines ein- oder mehrtägigen Meetings nur teilweise aufnehmen, was präsentiert wird. Zwar werden zur Steigerung der Aufmerksamkeit Bilder und Grafiken in Vorträge integriert, um die visuelle Hirnhälfte zu aktivieren. *Ein Bild sagt mehr als tausend Worte,* heißt es zwar, aber wenn die Bilder sich laufend abwechseln, eines schöner als das andere, wird man übersättigt und schaltet gerne ab.

Gerade in ihrer Perfektion werden Präsentationen oft so monoton, dass man einschläft. Das Halbdunkel im Saal lädt ja auch zu einem diskreten Nickerchen ein.

So hätte Alexander der Große seine zahlenmäßig dem Feind weit unterlegenen Krieger niemals derart begeistern können, dass sie die anschließende Schlacht gewonnen hätten. Historisch bedeutende Reden sind nicht so abgelaufen. Die besten Redner mussten sich schon immer auf ihre eigene Rednerfähigkeit verlassen und wollten keinerlei Hilfsmittel einsetzen. Sie waren selbst die Show.

Sie als Persönlichkeit wirken stärker als jede Folie.

Hinter überzeugenden Auftritten – seien es auch Vorlesungen an Universitäten – steht immer die Persönlichkeit des Redners mit ihrer ganzen Überzeugungskraft, ihrem Charisma, ihrem Wissens- und Erfahrungsfundus sowie ihrer persönlichen Originalität. Wichtige Botschaften bleiben vor allem dann beim Zuhörer haften, wenn sie emotional verstärkt gesendet werden. Dazu ist die normale Präsentation nicht geeignet.

Weil es immer die Persönlichkeit des Redners oder der Rednerin ist, die letztendlich entscheidet, ob Meinungs- oder Verhaltensänderungen ausgelöst werden, ist die erste spontane Äußerung nach einem besonders guten Vortrag: »Der/Die war gut.«

Immer wird zuerst der Vortragende bewertet, erst nachher der Inhalt. Die Wirkung der Person entscheidet, ob der Inhalt angenommen und geprüft wird. Tritt ein Redner oder eine Rednerin brillant auf, kommt der Inhalt bedeutend besser an.

Rede, Vortrag und Präsentation sind differenziert zu betrachten und vorzubereiten. Schon die Ziele sind andere. Während die Zuhörer bei der Rede – insbesondere der freien Rede – die Überzeugungskraft des Redners spüren und jedes Wort begeistert oder auch kritisch – aber mit voller Aufmerksamkeit – aufnehmen, ist die Präsentation Mittel zur einseitigen Informationsübertragung und Wissensvermittlung.

Der vom Manuskript gehaltene Vortrag steht dazwischen, wo genau, hängt von der Redekunst und der »Freiheit« des Referenten ab. Klebt er am Manuskript und liest alles ab, wirkt er fad und langweilig. Natürlich beeinflussen auch die Anzahl, die Komplexität und die Leserlichkeit der Folien die Aufmerksamkeit. Zu klein geratene Schriften, die niemand lesen kann, und zu viele Informationen auf einer Folie sind gängige Todsünden.

Eine freie Rede ist einzigartig und meist unvergesslich.

Manchmal ergreift einer der Vortragenden bei Tagungen während oder nach dem Abendessen spontan das Wort und setzt zu einer kurzen, aber freien Rede an. Diese Einlage wird oft zum absoluten Höhepunkt der ganzen Veranstaltung, weil der Redner damit den Bann der Förmlichkeit und Emotionslosigkeit, der über der

164

Tagung ruht, unerwartet und wohltuend durchbricht. Alle erinnern sich noch lange daran.

Zur erfolgreichen Vermittlung komplexen Wissens sind Folien sicher hilfreich und angebracht. Folien dienen dem Sprecher als Routenplan durch sein Informationsdickicht. Doch mit einer PowerPoint-Präsentation von fünfzig und mehr Folien bietet man reine Information und keine Chance zur Kommunikation.

Kommunikation ist zweiseitig. Sie ist nur dann möglich, wenn die Zuhörer dem Vortragenden nonverbal Rückmeldungen geben können. Dazu muss es dann aber hell genug im Saal sein. Nur dann weiß der Vortragende, ob er ankommt. Nur dann kann er die Kraft, die von den Zuhörern zurückkommt, aufnehmen und weiter steigern. Zwar konzentriert sich der Vortragende auch auf den Inhalt, den er ohnehin perfekt beherrscht, doch er kann sich visuell den Zuhörern zuwenden und »es« einfach reden lassen.

In einer PowerPoint-Präsentation ist das nur dann denkbar, wenn mit Standbildern die ablaufende Bilderfolge für längere Zeit gestoppt wird, damit sich die Zuhörer auf den Redner konzentrieren.

Der oft mit zitternder Hand verwendete Laserpointer, der auf Details in den Folien hinweisen sollte, erzeugt oft Verwirrung, wenn auf der Leinwand keine Punkte, sondern auf- und ab-, kreuz und quer laufende, zittrige Linien entstehen, so dass einem beim Zusehen fast schlecht wird. Mit der linken Hand in der Hosentasche und in der rechten Hand den Laserpointer kann auch keine Gestik entstehen, die das gesprochene Wort unterstreicht und verstärkt.

Man muss in jedem Fall darauf achten, dass immer genügend lange Sequenzen vorgesehen werden, in denen frei geredet wird. Nur in der freien Rede kann eine rhetorisch-dramaturgische Steigerung erfolgen. Nur damit können Menschen angesprochen, wirklich bewegt und begeistert werden. Wer das einmal entdeckt hat, redet möglichst oft frei oder baut zumindest lange Passagen in seine Präsentationen ein, in denen er der Kunst der Königsdisziplin, der freien Rede, freien Lauf lassen kann.

Ich schlage Ihnen vor, dass Sie eine vorher vorbereitete PowerPoint-Präsentation als Unterlage dem Publikum abgeben. Sie ist meist eine hervorragende Grundlage für die anschließende Diskussion. Zeigen müssen Sie diese Folien nicht oder aber nur einige ganz wenige davon.

Zu Beginn frei reden, dann nur wenige Folien zeigen und am Schluss wieder frei reden.

Wichtig ist, dass Sie vor allem am Anfang Ihres Vortrages mindestens zehn Minuten oder wenn möglich noch viel länger frei reden, um all das zu generieren, was ich vorher geschildert habe. Dann zeigen Sie meinetwegen einige Folien, die unabdingbar sind. Am Schluss enden Sie wieder mit einem Stück freier Rede. So haben Sie einen tragbaren Kompromiss getroffen.

Weitere Voraussetzungen

In diesem letzten Teil meines Buches finden Sie weitere Hinweise, die ebenfalls für Sie wichtig sind. Beachten Sie diese, und versuchen Sie, sich daran zu halten. Meine Anregungen basieren alle auf persönlichen Erfahrungen, die ich – oft verbunden mit großen Schwierigkeiten und Enttäuschungen – machen musste. Viel Ärger und Stress wäre mir erspart geblieben, hätte ich alles schon im Voraus gewusst. Es kann durchaus sein, dass Sie Ähnliches auch schon selbst erfahren haben und deshalb bereits ein gebranntes Kind sind.

Meine Anregungen zu Ihrer Vortragsweise werden übrigens nicht zu einer Verfremdung Ihrer Persönlichkeitswirkung führen, wenn Sie diese berücksichtigen.

Keine Angst, Sie wissen ja: Meine Linie ist die strikte Wahrung der Authentizität.

Ein Redner, der die Masche eines anderen Redners übernimmt, wirkt künstlich und damit unglaubwürdig, auch wenn der andere Redner damit noch so viel Erfolg hat. Sie können nur auf Ihre Weise erfolgreich sein. Je strikter Sie sich selbst treu bleiben, desto stärker wirken Sie als Persönlichkeit und desto eher werden Sie zu einer Persönlichkeitsmarke.

Aber es gibt gewisse Voraussetzungen, die erfüllt sein sollten, und Regeln, die Sie als Redner besser einhalten. Hier finden Sie einige davon.

Ton, Licht und Belüftung

Verlangen Sie schon bei der Auftragserteilung ein Ansteckmikrofon, damit Sie beim Reden beide Hände frei haben können. Während eines längeren Vortrages dauernd mit einer Hand ein Mikrofon halten zu müssen ist anstrengend. Außerdem würde so Ihre Gestik halbiert. Sie könnten nur noch mit einem Arm gestikulieren, Sie wären also ein »einarmiger Bandit«. Das wirkt unvorteilhaft.

Noch besser ist ein Bügelmikrofon (Headset), das man sich über den Kopf stülpt. Das Mikrofon selbst befindet sich am unteren Bügel genau vor dem Mund. Das mag am Anfang etwas stören, weil es sichtbar ist, weist aber die weitaus bessere Tonqualität auf und versöhnt Sie bald mit diesem kleinen Nachteil. Mit so einem Mikrofon können Sie die Lautstarke variieren von ganz laut bis zum Flüsterton; man hört Sie immer perfekt.

Unabdingbar ist ein Sound-Check. Dazu müssen Sie früh genug erscheinen, um mit der Technik im noch leeren Saal die Tonprobe durchzuführen. Stellen Sie sich dem Tontechniker vor, bitten Sie ihn, sich gut um Sie zu kümmern; er ist während Ihres Vortrages Ihr wichtigster Mann. Wenn Sie ihn persönlich darum bitten, während der ganzen Dauer Ihres Vortrages auf die gute Hörbarkeit und Verständlichkeit zu achten und laute Störgeräusche zu vermeiden, haben Sie eine bessere Chance, dass er das auch gewissenhaft erledigt.

Wenn die Lautstärke zu leise ist, versteht Sie niemand.

Ich hatte bei einem großen zweitägigen, alljährlich stattfindenden Kongress, an welchem jeweils bis zu 1000 Personen teilnehmen, den ersten Tag als Zuhörer verbracht. Am zweiten Tag sollte ich als der erste Referent morgens meinen Vortrag halten. Als Zuhörer fiel mir auf, dass man die Redner und Rednerinnen nur sehr schlecht verstehen konnte. Die Lautstärke war für den riesigen Saal viel zu schwach eingestellt, und die Stimmen kamen nur sehr undeutlich herüber.

Neben der Bühne waren zwei junge Techniker platziert, die an einer großen Tonanlage manipulierten. Ich sagte ihnen in der Pause, dass die Verständlichkeit ungenügend sei. »Wir können nichts machen«, war ihre Antwort.

Als ich am Morgen des zweiten Tages dann als Redner angekündigt wurde, fragte ich das Publikum von der Bühne herunter: »Kann man mich hören?«

Ich zeigte dabei auf die Zuhörer, die ganz hinten im Saal saßen. Diese schüttelten den Kopf.

»Bitte mehr Saft«, rief ich den Technikern zu. Ich fragte die Zuhörer noch einmal: »Können Sie mich jetzt hören?«

Ich hörte selber, dass es immer noch zu schwach war, und die Leute schüttelten immer noch ihre Köpfe. Ich sagte: «Bitte noch mehr Saft, aber bitte richtig.« Daraufhin nickten die hintersten Zuhörer mit dem Kopf, als ich zum dritten Mal fragte, ob man mich hören könne.

»Sehen Sie, das geht doch«, rief ich zu den Technikern von der Bühne herunter. Die Zuhörer lachten. Daraufhin fragte ich die Zuhörer: »Kennen Sie die Geschichte von der Hummel?«

Man schüttelte wieder den Kopf.

»Die Hummel wurde wissenschaftlich untersucht, und man kam zur Schlussfolgerung, dass sie keinesfalls fliegen könne, denn der Körper sei viel zu groß und schwer und die Flügel viel zu klein. Aber sie fliegt eben trotzdem«, sagte ich lachend.

Die Zuhörer lachten ebenfalls. Ich hatte mein Tonproblem gelöst – übrigens auch für die nachfolgenden Redner – und eine positive Stimmung erzielt. Ich bekam übrigens hinterher von den Zuhörern dieses Kongresses die beste schriftliche Beurteilung der Referenten und Referentinnen. Der lustige Anfang und die bessere Tonqualität hatten sicher zu diesem Erfolg auch beigetragen.

Die Beleuchtung ist oft auch ein Problem. Es hat sich die Tendenz eingespielt, dass das Licht im Saal sofort sehr stark gedämpft wird, sobald Folien oder eine PowerPoint-Präsentation gezeigt werden.

So können Sie die Gesichter der Zuhörer nicht mehr richtig sehen und somit nicht mehr nonverbal mit ihnen kommunizieren, wie ich das beschrieben habe. Sie stehen ganz verloren da vorne und schauen in ein schwarzes Loch. So kann ich nicht arbeiten.

Moderne Beamer haben eine derart starke Helligkeit, dass man das Licht im Saal nur sehr wenig oder fast gar nicht mehr dämpfen muss. Reden Sie mit der Technik, und verlangen Sie, dass die Beleuchtung im Saal hell genug ist, während Sie reden. Es kann Ihnen egal sein, was bei anderen Vorträgen geschieht. Wenn andere Referenten das Licht gedämpft haben wollen, soll man das tun, aber nicht bei Ihnen. Es ist Ihr Vortrag, und Sie haben das Recht, die Bedingungen zu stellen, die Sie haben wollen.

Wenn es zu heiß wird, schlafen die Zuhörer ein.

Die Belüftung kann auch ein Problem sein. Im Sommer rufe ich jeweils schon einige Tage vorher die Veranstalter der Tagung an, an der ich referieren werde. Ich verlange die Technik und erkundige mich, ob eine Klimaanlage vorhanden ist. Wenn ja (was ich natürlich hoffe), frage ich, ob man den Saal schon in der Nacht vorher herunterkühlen könne. Es ist schlimm für Sie und Ihre Zuhörer, wenn im Saal eine große Hitze herrscht.

Niemand kann sich konzentrieren, und Sie selbst leiden beim Reden auch unter hohen Temperaturen. Ich verlange immer eine Saaltemperatur von maximal 20 Grad Celsius, lieber nur 18 Grad. Bei einer großen Anzahl von Zuhörern wird der Saal durch die Körpertemperatur der vielen Menschen sehr stark aufgeheizt.

Anlässlich einer Tagung bei einer der weltgrößten Versicherungsgesellschaften Europas fiel mir auf, dass im Saal stickige Luft herrschte. Die Zuhörer drohten deswegen einzuschlafen. Auch ich fühlte mich sehr unwohl und bekam fast keine Luft.

Ich fragte in der Pause, ob es da keine Belüftung gäbe. Die Person, die für meinen Vortrag zuständig war, den ich gleich nach der Pause halten sollte, sagte mir: »Wir kennen das Problem. In diesem Saal herrscht immer stickige Luft, das kann man leider nicht ändern.«

Ich fragte einen anderen Teilnehmer, der bei dieser Versicherungsgesellschaft arbeitete, wo der Schalter für die Belüftung sei. Er zeigte mir den Schalter, und wir stellten fest, dass die Lüftung nicht eingeschaltet war. Ich drehte den Schalter auf »on«, und das Problem war gelöst. Solche und ähnliche Erfahrungen habe ich schon mehrmals machen müssen; es ist unglaublich, aber wahr.

Ich könnte Ihnen noch viele schlimme Erlebnisse erzählen, die ich mit Technikern und Hausmeistern hatte.

Manche davon waren Alpträume. Es ist unglaublich, wie wenig sich manchmal solche Leute um die Voraussetzungen kümmern, die einfach da sein müssen, damit sich die Zuhörer und auch die Referenten und Referentinnen wohlfühlen. Mit der Zeit werden Sie wahrscheinlich – so wie ich – ganz hartnäckig um eine gute Tonwiedergabe, helles Licht und ausreichende Belüftung kämpfen.

Beharren Sie ruhig auf Ihren Forderungen, auch wenn Sie riskieren, für stur und unnachgiebig gehalten zu werden. Es geht schließlich um Sie und um Ihren Erfolg. Selbstverständlich durfte ich auch zahlreiche positive Erfahrungen mit der Technik und dem Betreuungspersonal machen. Gerade kürzlich wurde mir an einer Tagung jeder Wunsch geradezu von den Lippen gelesen. Ich wurde mit einer derart sprichwörtlichen Zuvorkommenheit und Herzlichkeit betreut, dass ich dem Veranstalter anschließend einen Dankesbrief schrieb.

Es lohnt sich, schon möglichst frühzeitig am Tagungsort zu erscheinen, um selbst nach dem Rechten sehen zu können. Auch wenn man Ihnen versichert, man werde alles nach Ihrem Wunsch organisieren. Seien Sie skeptisch. Sie können nur dann ganz sicher sein, dass alles klappt, wenn Sie selber alles inspizieren. Ich schaue zu, dass ich möglichst früh – wenn möglich schon einen

Tag vorher – die Leute ansprechen kann, die für den Saal zuständig sind, wo ich referiere.

Was Ihnen auch noch zusteht

Meist kümmert man sich vor meiner Rede sehr um mein Wohl. Man fragt mich, ob ich einen Kaffee oder ein Glas Wasser möchte. Man erkundigt sich, wie ich die Bühne gern eingerichtet hätte. Es kann aber auch anders sein.

Ich habe schon erlebt, dass ich mich selber um jedes Detail kümmern musste. Wenn ich ein Flipchart benutze, bringe ich immer eigene Filzstifte mit. Zu oft stelle ich fest, dass die vorhandenen Stifte ausgetrocknet sind. Es ist sicherer, selbst dafür zu sorgen, dass man alles bekommt, was man braucht, und dass die Bühneneinrichtung und Bestuhlung so ist, wie man sich diese wünscht.

Ein Rednerpult benütze ich nie. Auch wenn bei einer Tagung oder einem Symposium mehrere Referate gehalten werden und die Bühneneinrichtung für alle gleich ist, gehe ich meist vom Rednerpult weg und halte mich ganz vorn auf der Bühne oder sogar gleich unter der Bühne auf. Ich will einen möglichst direkten Kontakt mit dem Publikum haben.

Meist bewege ich mich während des Vortrags ins

Publikum hinein, gehe auf Zuhörer zu und fasse einzelne Zuhörer sogar an. Ich kenne nicht viele Redner, die das tun. Wenn Sie so etwas nie im Leben tun würden, kann ich Sie gut verstehen. Tun Sie das, was Sie gewohnt sind.

Wenn Sie gern hinter einem Rednerpult stehen, ist das in Ordnung. Es ist ein gutes Gefühl, sich am Rednerpult halten zu können. Das erhöht die Sicherheit. Wenn Sie hingegen Lust haben, sich zu bewegen, machen Sie ruhig ein paar Schritt zum Publikum und wieder zurück an Ihre Ausgangsposition. Nur eine Einschränkung gibt es: Wie schon erwähnt, bewegen Sie sich bitte nicht hin und her, das macht unruhig.

Richten Sie sich so ein, wie Sie es als angenehm empfinden, und scheuen Sie sich nicht, Ihre Ansprüche geltend zu machen, bevor Sie mit Ihrer Rede beginnen. Nachher ist es zu spät. Wenn irgendetwas nicht stimmt, kann Sie das erheblich stören, zum Beispiel wenn der Computer zu weit weg ist, um das PowerPoint-Programm zu bedienen. Ideal platziert ist der Computer vor Ihnen, leicht nach unten versetzt. So können Sie auf den Bildschirm schauen und gleichzeitig Augenkontakt mit den Zuhörern halten.

Ganz wichtig ist ein Glas Wasser in Reichweite. Viele Redner bekommen einen trockenen Mund beim Reden.

Das ist unangenehm. Die Zuhörer haben großes Verständnis dafür, dass Sie beim Reden ab und zu einen Schluck Wasser zu sich nehmen wollen. Scheuen Sie sich nicht davor, das zu tun.

Ich stelle mich niemals selbst vor.

Ich bitte auch immer darum, dass man mich als Redner ankündigt und vorstellt. Ich stelle mich nicht selber vor, das finde ich peinlich. Ich finde immer jemanden, der mich vorstellt, falls es der Veranstalter nicht selber tun will.

Ich drücke dann der jeweiligen Personen einen Zettel mit ein paar Angaben über meine Vita in die Hand und bitte sie, mich vorzustellen. So kann sie neben den beruflichen und fachlichen Angaben auch einige persönliche Dinge über mich sagen. Die Zuhörer sind neugierig, sie wollen wissen, was das für ein Mensch ist, der da gleich reden wird, wie er denkt und fühlt, wie er lebt. Diese Neugier sollten Sie ein Stück weit befriedigen.

Die Person, die Sie ankündigt, sollte ein paar Angaben über Ihren Lebenslauf und Ihre jetzige geschäftliche und private Situation machen, zum Beispiel ob

Sie verheiratet sind und Kinder haben, wenn ja, in welchem Alter, und was für Hobbys Sie betreiben und so weiter. Das gibt Ihnen einen Vertrauensvorschuss und schafft eine gute Stimmung.

Ebenfalls erwarte ich, dass man mich nach meinem Vortrag mit Dank verabschiedet. Ich habe mir schließlich große Mühe gegeben und meine, dass ich das verdiene.

Eigentlich steht einem Referenten auch die Aufmerksamkeit der Zuhörer zu. Diese ist zu Beginn eines Referates auch meist vorhanden. Alle sind neugierig, was da für eine Person redet und was sie wohl zu sagen hat. Diese anfänglich vorhandene Aufmerksamkeit kann jedoch sehr schnell zurückgehen, wenn das Referat nicht interessant ist und der Redner nicht eindrücklich genug redet. Schon nach wenigen Minuten hängt die Aufmerksamkeit der Zuhörer allein vom Redner selbst ab.

Deshalb ist es völlig unnötig und eigentlich deplatziert, am Schluss des Referates zu sagen: »Ich danke Ihnen für Ihre Aufmerksamkeit.« Besser ist ein Schlusssatz mit einem anschließenden »Danke schön«.

Und jetzt legen Sie los

Sie haben dieses Buch gelesen und verstehen jetzt, dass es eigentlich wichtiger ist, wie Sie wirken, als was Sie sagen. Am besten wirken Sie, wenn Sie frei reden. Aber Sie sollten jetzt nicht Ihren Text wie ein Schauspieler auswendig lernen. Die müssen auswendig lernen, denn die Autoren mögen es nicht, wenn ihr Originaltext abgeändert wird.

Sie aber bringen persönliche Anliegen vor, Sie machen konkrete Vorschläge, Sie versuchen, Ihre Zuhörer von Ihrer Meinung zu überzeugen, und da arbeiten Sie ganz von innen heraus. Sie bereiten ein Stichwortmanuskript vor – wie beschrieben –, und das gibt Ihnen die Möglichkeit, immer nachzuschauen, wie es weitergeht.

Fangen Sie so bald wie möglich an, frei zu sprechen. Beginnen Sie mit kleinen Gruppen. Sie werden sehen: Es geht. Und Sie werden auch bald Komplimente bekommen.

Ihre Karriere wird immer mehr davon abhängig sein, wie gut Sie sich vor anderen Menschen ausdrücken können, das heißt, wie gut Sie diese Leute überzeugen können. Eine erfolgreiche Führungskraft zeichnet sich unter anderem dadurch aus, dass sie gut andere Menschen überzeugen, motivieren und begeistern kann. Ich habe zehn prominente Führungskräfte interviewt und diese Gespräche in einem Buch veröffentlicht (siehe im Literaturverzeichnis: »Führung und Persönlichkeit«). Alle zeichnen sich durch eine außerordentlich gute Kommunikationsfähigkeit aus.

Zögern Sie nicht, mit dem freien Reden so bald wie möglich zu beginnen, auch wenn Sie es bisher nie getan haben und auch wenn Ihre Angst davor bisher viel zu groß war. Ich hoffe, dass ich Ihnen mit diesem Buch etwas diese Angst nehmen und Ihnen das freie Reden schmackhaft machen konnte.

Ich wünsche Ihnen viel Zuversicht für Ihre ersten Versuche. Nach dem ersten Mal wird es bereits viel besser gehen, und anschließend wird es Ihnen immer leichter fallen. Sie werden es an den Zuhörern spüren, dass Sie viel interessanter vortragen als früher und große Erfolge feiern können. Dazu wünsche ich Ihnen alles Gute und viel Glück.

Ein Dankeschön

Ich danke den zahlreichen Teilnehmern und Teilnehmerinnen meiner Video-Einzelcoachings und Rhetorikseminare, die alle das freie Reden nach Stichwortmanuskript erlernt haben und seither erfolgreich anwenden. Meine Schweigepflicht erlaubt es mir nicht, Namen zu nennen, aber viele prominente Namen der Führungskräfte, die bei mir waren, würden Sie kennen. Von zahlreichen Teilnehmern und Teilnehmerinnen aus ganz verschiedenen Branchen habe ich viel lernen können und ihre Welt, ihre interessanten Aufgaben und ihre Sorgen und Nöte kennengelernt. Das macht meine Arbeit ja so interessant.

Ich danke auch der Programmleiterin Frau Pia Hiefner-Hug und dem Lektor Herrn Bernd Zocher, beide vom Orell Füssli Verlag, die mir mit viel Rat und Tat beigestanden haben.

Vor allem aber danke ich aus vollem Herzen meiner Frau und Partnerin Gretel Holzheu, die mich seit mehr als 40 Jahren privat und geschäftlich mit ihrer zwar kritischen, aber selbstlosen Fürsorglichkeit immer begleitet.

Harry Holzheu

Nähere Informationen über Harry Holzheu

Harry Holzheu AG
Unternehmensberatung für Führungskommunikation
Bellariarain 4
CH-8038 Zürich

Tel +41 44 481 88 54
Fax +41 44 482 98 56

harry@holzheu.ch

Harry Holzheu im Internet: www.holzheu.ch

Literaturverzeichnis

Aristoteles: *Rhetorik.* Stuttgart 1999.

Bringmann, Klaus: *Die politischen Ideen des Isokrates.* Göttingen 1965.

Buzan, Tony: *Das kleine Mind-Map-Buch. Die Denkhilfe, die Ihr Leben verändert.* München 2004.

Buzan, Tony / Buzan, Barry: *Das Mind-Map-Buch. Die beste Methode zur Steigerung Ihres geistigen Potenzials.* München 2002.

Buzan, Tony: *Mind Map – die Erfoglsmethode. Die geistigen Möglichkeiten steigern und optimal nutzen.* München 2005.

Fuhrmann, Manfred: *Die antike Rhetorik.* München 1984.

Holzheu, Harry: *Führung und Persönlichkeit – 10 offene Gespräche mit Franz Blankart, Sepp Blatter, Leonhard Fischer, Rita Fuhrer, Konrad Hummler, Christophe Keckeis, Nicole Loeb, Adolf Ogi, Alexander Pereira und Monika Ribar.* Zürich 2007.

Holzheu, Harry: *Das ultimative Rhetorik-Brevier.* Berlin 2005.

Holzheu, Harry: *Natürliche Rhetorik.* Berlin 2002.

Holzheu, Harry: *Ehrlich überzeugen.* Berlin 2003.

Holzheu, Harry: *Wer nicht lächeln kann, macht kein Geschäft. Emotional Selling.* Frankfurt/M. 2007.

Holzheu, Harry: *Aktiv zuhören – besser verkaufen.* München 2000.

Rapp, Christof: *Aristoteles. Rhetorik.* 2 Bde. Berlin 2002.

Register

Für einen starken Auftritt

224 Seiten
ISBN: 978-3-442-16575-9

256 Seiten
ISBN: 978-3-442-16804-0

448 Seiten
ISBN: 978-3-442-16845-3

192 Seiten
ISBN: 978-3-442-16606-0